JN302446

親子バトル
解決ハンドブック

発達障害の子と奮闘するママ＆パパのトークサロン

安藤壽子・安藤正紀　編著

図書文化

まえがき

　この本が世に出るきっかけは，個性豊かなお子さんを抱え，子育てに奮闘するママたちとの出会いでした。学校や家庭で次々に起こるさまざまな課題，それをどのように乗り切ってきたのか，これからどのように乗り切ればよいのか，ママたちの話は互いに尽きることがありません。ときには笑い飛ばしながら，ときにはしんみりしながら，ときには怒りをあらわにしながら，語り合うことで癒やされ，また前向きなエネルギーが湧いてくるようでした。きっとそこには，同じ悩みをもつ仲間同士，わかってもらえるという安心感があったのでしょう。ピアサポートの大切さを実感する場面でした。そして，子育て奮闘中のもっと多くの親御さんにも伝えたいとの思いから，本書の元になる冊子「母ぞうたちのメッセージ：奮闘するママ＆パパのための子育てヒント集」をまとめました。

　「母ぞう」というネーミングには，──象のお母さんのように仲間と助け合って子育てをしたい──というママたちの願いが込められています。日々の経験を通し身につけてきた知恵は，きっと，前に進むヒントになるはずです。

　「それぞれに魅力的な子どもたち。この輝きを大切に育てましょう」「一人で悩まず，身近なだれかとつながりましょう。共感してくれる同じ思いの親が必ずいます」

　山あり谷ありの子育ての経験から，「母ぞう」はこう語っています。

　子どもの発達には多様性があり，一人一人のスピードも違います。発達の偏り（アンバランス）や歪み（人と違った特性）はだれにでもあり，発達障害かどうかの線引きはとてもむずかしいものです。

　ですから表面に現れている行動のみで子どもをとらえようとすると，出発点を誤ってしまいます。発達障害の行動特徴と背景要因を知識として知っておくことも必要ですが，枠組みに当てはめて子どもを理解しようとするのではなく，目の前の子どもの状況を共感的に理解することから始めましょう。子どもが困っているとき，そこには子どもなりの理由があるはず。その理由が理解できれば，解決の糸口は見つかります。家庭での子育てや学校教育にまず必要な構えは，子どもを前から受けとめ後ろから支えることであると，

いま困っている子どもたちを前に実感しています。

　また，子どもたちがさまざまな発達課題（年齢相応に身につけなければならない資質や能力）にぶつかりながら，その危機を乗り切って成長していくときには，養育者以外にも長い目で見守ってくれる多くの支援者の存在が必要です。そのためには，「母ぞう」たちのメッセージにあるように，親御さんどうしのつながりが，まず大切となります。同世代同士のつながりだけでなく，先輩から後輩へ伝えていくことも大きな支援になります。そして，地域全体で子育てをしていくためのネットワークの存在が，必要不可欠と言えましょう。

　本書に込められた「母ぞうたちのメッセージ」が，発達障害あるいはグレーゾーンといわれるお子さんの養育，保育，教育，支援のヒントになることを願っています。むずかしい子育てを抱える親御さん，保育や幼児教育の先生方，学校の先生方，相談機関の方々，放課後や休日の支援に携わる方々，社会教育に携わる方などに，お読みいただければ幸いです。

　最後になりましたが，母ぞうプロジェクトに参加された勇気あるママさん，青年期の相談や支援にあたるベテランママさん，この本の編集にご尽力いただいた図書文化の渡辺佐恵さんに，心より御礼申しあげます。

　　　　　　　　　　　　　　　　2014年7月　　安藤壽子
　　　　　　　　　　　　　　　　　　　　　　　安藤正紀

本書の元になった下記の冊子は,科学研究費助成事業平成24年度（2012年度）基盤研究（C）（一般）（平成24年度〜26年度）「小学校低学年を対象とするリテラシー・アセスメントに基づく学習支援プログラムの開発」（研究代表者・安藤壽子）の助成により作成されました。

もくじ

まえがき

第1章　学童期の親子バトル編

①口にたこができる　―日常生活動作が身につかない―　　10
②ゲームの外でも"リアル・バトル"　―行動の切り替えがむずかしい―　　12
③いつまでテレビ見てるの！　―時間感覚がない―　　14
④やるやる詐欺？　―段取りがつけられない―　　16
⑤2着しか持っていないの？　―こだわりが強い―　　18
⑥へりくつ大王　―言い出したらきかない―　　20
⑦ええと，ええと，もういいや！　―言いたいことがまとまらない―　　22
⑧なだれ机　―整理整頓ができない―　　24
⑨あれ？　遊ぶ約束したっけ？　―ぼんやりしている―　　26

第2章　学校生活こまった編

①ゆらゆら，そわそわ，お口も多動　―落ち着きがない―　　30
②ちゃんとするってどうすること？　―言葉の意味や状況の理解がむずかしい―　　32
③オレに出された宿題じゃない　―宿題に取り組めない―　　34
④また忘れたの？　―忘れ物が多い―　　36
⑤真っ白連絡帳　―書くことが苦手―　　38
⑥芸術は時を超えて？　―作品が仕上がらない―　　40
⑦だいじょうぶ！　へいき！　―運動が苦手―　　42
⑧「2」と「5」―どっちがどっち？　―形が見分けられない―　　44
⑨記憶の扉にはドアノブがない　―作文が書けない―　　46
⑩どうしたら覚えられるの？　―テストの点が取れない―　　48

親子バトル解決ハンドブック
発達障害の子と奮闘するママ＆パパのトークサロン

第3章　思春期の親子バトル編

①毎朝がバトル ―自立した生活―	52
②フロントガラスが蹴破られ!! ―感情のコントロール―	54
③家庭内整理は？ いまでしょう ―反抗期・家庭内暴力―	56
④友達関係ってサバイバル！ ―「信頼できる大人」や「幼なじみ」の存在―	59
⑤ある日，学校に行かない！宣言 ―登校しぶりと不登校―	62
⑥スマホのルールはスマートに！ ―IT時代のさまざまな問題―	66
⑦さがしものはなんですか ―自分にできること，得意なこと―	70
⑧がんばってしまうから苦しい ―《高い目標》とのギャップ―	74
⑨大学入学を控えて親子で不安に ―大学という環境の変化―	76

第4章　社会生活どうしよう編

①どんな仕事が向いているの？ ―職業体験とアルバイト―	82
②挑戦はいつまで続く？ ―自分に失望させない―	86
③母である私が企業を相手に？ ―職場でのトラブル―	88
④休みの日には何してる？ ―余暇の過ごし方―	90
⑤地域の中で ―インクルーシブな社会―	92

Column

ライフスキルとは	53
スマホ依存にならないために	69
地域若者サポートステーションとは？	80
就職までの道	84
「ジョブコーチ支援制度」について	89

第1章

学童期の親子バトル編

1 口にたこができる
―日常生活動作が身につかない―

　小学生の息子のことです。もう2年生になるのに，朝の支度が，いっこうに一人でできるようになりません。顔を洗う，歯を磨く，着替えをするなど，私が声をかけないと，いつまでたっても自分からは動きません。
　その都度声をかけてやらせるのに毎日一苦労。やったかどうか一つ一つに目配りし，声をかけなくてはならず，口にはたこができそうです。この年齢なら，言われなくてもできるのがあたりまえだと思うのですが。
　常に目が離せず，毎日毎日同じことを言い続ける生活に疲れてしまいました。しまいには，いつも怒鳴ってしまう自分にも嫌気がさしています。

こうしてみました

　なんとか口で言わずに済む方法はないかと考えて，板状のカラー・マグネットを買ってきました。そこに，「かおをあらう」「はをみがく」のように，ふだん私が言わなくてはならないことを書いて，息子も私も見やすいように，子ども部屋の扉の横に貼りつけました。

　毎日の「すべきこと」を書いたマグネットは，朝起きてから支度する順番に時間を追って並べ，終わったら，一つずつマグネット板を裏返すようにしました。すると，「あれはやったの？」「次はこれでしょう？」などといちいち言わずに，「マグネットは全部返せたの？」の一言で済むようになり，口うるさく言わずに済むようになりました。

　子どもも，マグネットを裏返すのが楽しいようで，自分から「全部できた」と報告してくるようになりました。

解説 と アドバイス

　子どもが小さいころは，毎日の生活習慣をしっかりと身につけさせようと，必要な時に必要な場で，子どもに一つ一つの動作を細かくていねいに教えます。けれども，いつの間にか小学校に入るころになると，親も細かなことはあまり顧みなくなります。自分のことは自分でする，というのがあたりまえになるからです。

　ところが，「○年生だから一人でできる」という理屈が成り立たないことがあります。小学校低学年では生まれ月や経験の違いなどで身辺処理能力に差がありますし，もともと身辺処理が苦手な子どももいるからです。

　このような場合，「口にたこができる」ほど繰り返し毎日同じことを言っても，こちらが疲れるばかりで効果はありません。少しだけ冷静になって，発想を転換してみましょう。「なぜできないのか？」「どうすればできるようになるのか」──その手がかりが見つかれば，解決の糸口は見えてくるはずです。そのほうが，解決への近道です。

　このお子さんの場合，具体的な行動目標をマグネット板に書いて順番に示してあげたことで，行動の手がかりが得られるようになり，自分で支度が進められるようになりました。このことからは，「顔を洗う」「歯を磨く」などの一つ一つのことはできるけれども，時間制限のあるなかで順番に要領よく処理することが苦手だったことがわかります。ふだんの様子をよく観察し，子どもが自分でできるレベル，少し手伝えばできるレベルを把握してあげると，ちょうどよい身辺処理課題のレベルが見極められます。

　これに関連して，「発達の最近接領域」という考え方があります。子どもの発達レベルに応じた適切な教育が発達を促進させるという理論です。問題解決場面では，子どもが自力解決できるレベルと，大人の援助によって解決できるレベルがあり，課題レベルはこの二つの水準の範囲内になくてはならず，むずかしすぎても，易しすぎても，子どもの発達は促進されないということです。

2 ゲームの外でも"リアル・バトル"
—行動の切り替えがむずかしい—

> 小学校6年生の息子はゲームに夢中。一度始めると，何度声をかけてもやめません。約束の時間になっても，ずっと「もうちょっと」「もうちょっと」を繰り返します。
> 朝から晩まで「ゲームしていい？」とたずねてくるので，私はもはやノイローゼ気味です。放っておくと勝手にゲームを始め，いつまでもやり続けるので，最後には私も堪忍袋の緒が切れて，本物の親子バトルになってしまいます。

こうしてみました

　まず，ゲームを見るとやりたい気持ちが抑えられなくなるので，機械を出しっ放しにせず，使うときだけ出すようにしました。そして，宿題や学校の準備など，"すべきことをやってから"というルールを決めました。

　時間は相談して「1日に1時間まで」としました。キッチンタイマーをセットし，終了をベルで知らせることも効果がありました。

　時間になってから「もうちょっと」と言ってきたときは，「あと何分？」と具体的に時間を聞き，タイマーを自分でセットさせて，ベルが鳴ったらすぐに片づけるようにしました。延長の要求には，1回だけ応じることにしました。

　こんなふうにして"リアル・バトル"になることは，少しずつですが減ってきました。最近は，1週間約束が守れたときは，"思いっきりゲームをやれる週末"というおまけもつけて，楽しく取り組んでいます。

解説とアドバイス

　ルールやスケジュールに合わせて行動することは，社会生活を送るためのベースとなります。ルールや予定に従って行動することを，小さいうちから家庭でも学んでおけるとよいでしょう。

　とくに保育園や幼稚園，小学校になると，自分の意思とは異なる場合でも，気持ちを切り替えて周囲に合わせなくてはならないことが多くなります。切り替えが遅いと，周囲の行動についていけずに困ることになります（とはいえ多くの場合，困るのは親や先生で，当の本人は何も困っていないというのが，大きな問題なのですが……）。

　ルールを決めるときのポイントは，大人が決めたものを子どもに押しつけるのではなく，よく話し合って，「～ならできる」というルールを子ども自身に決めさせることです。そして，自分で決めたルールを，自分でしっかりと守らせます。

　このとき，子どもがルールを守れずに泣いても，絶対に譲らないという覚悟が大人には必要です。ここで譲ってしまうと，子どもは，「泣けばいい」という誤った学習をしてしまうことになります。怒ったり怒鳴ったりする必要はないのですが，ルールを守るまで淡々と見守り，「自分勝手は通じない，でもルールを守ればやりたいことができるんだ」というポジティブな学習をさせていきます。

　ただし，お子さんの性格やその場の状況ということもありますから，ルールを臨機応変に扱うこともまた必要になってきます。この事例でも，息子さんが「もうちょっと」としつこく言うことを見越して，延長を1回だけ認めるようにしました。厳しいときは厳しいけれど，ルールの中で自分の希望もかなえてもらえる余地がある，という安心感のある親子関係の一端がかいま見え，見事な対応といえましょう。

　ルールというと，大人の視点からのネガティブな表現になりがちですが，子どもが"やる気"を起こすようなポジティブな表現に置き換えることによって，子どもはルールを守ることの意味を理解し，すすんでルールを守るようになると思います。

③ いつまでテレビ見てるの！
―時間感覚がない―

> 小学校3年生の娘は，帰宅するとすぐにテレビをつけて，時間を忘れていつまでも見続けてしまいます。気がつけば宿題はあとまわし。夜遅くなってからあわてて取り組むため，いつも最後まで終わりません。
> その結果，週末にはこなしきれなかった大量の宿題がたまってしまい，親子でぼう然としてしまいます。

こうしてみました

テレビをつける前に，「何時まで」を私と確認して，本人がタイマーをセットするようにしました。

タイマーは，設定時間の10分前，5分前，3分前，1分前……と，アラームや音声でカウントダウンして知らせてくれるタイプが効果的でした。いまはスマートフォンのアプリなどでもあるようです。本人が気持ちを切り上げる準備ができておすすめです。

それでも，毎日の宿題をこなしきれず，週末になると，提出できなかった宿題がたまってしまうことがありました。そのようなときは，たまった宿題を5つに分けて，①土曜日の朝食後，②昼食後，③夕食後，そして，④日曜日の朝食後，⑤昼食後と，毎食ごとのデザートにすることで，なんとかこなすことができました。

解説とアドバイス

　上手な時間の使い方，つまり時間管理というのは，子どもにとって，とてもむずかしいものです。

　まだ幼児のころは，子どもは"時間を忘れて"好きな遊びに没頭します。遊びに夢中になって戻ってこないお子さんに，はらはらさせられた体験が一度はあることでしょう。そうした子どもも，保育園や幼稚園，小学校で，一定の時間割のもとで毎日生活しているうちに，時間の区切りを意識するようになり，先を見通しながら行動できるようになっていきます。

　それでも時間感覚が弱く，時間配分がむずかしい場合には，時間を感覚的にとらえられるための「手がかり」を用意することが必要になります。この事例では，タイマーが音声で「あと何分」と教えてくれることが大きな手がかりとなって，耳を通して時間の経過に気づくことができるようになりました。お母さんが「いつまでテレビを見ているの！」と何度も声をかけるより，とても効果的だったそうです。このほかに，目で見て時間の経過が確かめられるようなタイプのタイマーもあり，小学校の教室でもよく活用されています。お子さんに合ったタイプの手がかりを見つけられるとよいと思います。

　時間の概念には，「何時」「何時何分」のような時刻と，「何時間」「何時間何分」のような持続（時刻と時刻の間隔）の二つがあり，いずれも感覚運動的な活動に結びついて発達します。年少の子どもでは，まず食事，遊び，睡眠などを通して時間の流れに気づき，やがて自分の活動と無関係な出来事の時間についても理解できるようになっていきます。そして，9歳以降になると，客観的な時間概念をもつようになるといわれています。

　時間感覚に特異性がある場合は，時刻（アナログ時計）が読めず，時間感覚がつかめないため，支援を要することがあります。

4 やるやる詐欺？
―段取りがつけられない―

　小学校4年生の息子は，学校から帰ってきた後，宿題も，明日の支度も，すぐに「やるやる」と言いながらなかなかやろうとしません。わいわい言われてようやく取り組み始めても，あちらに手をつけ，こちらに手をつけ，行動にまとまりがなく，いっこうに進みません。

　任せておけないので，結局は私が学校からのお知らせにしっかりと目を通し，連絡帳を日々細かくチェックし，わからないことがあれば同級生の家に電話をかけ，宿題や明日の予定をお聞きし，なんとかつじつまを合わせています。

こうしてみました

　まず，やるべきことを整理するために，学校から帰ってきてから夜寝るまでにすることを，息子と一緒に書き出しました。そうすると，「遊び」「宿題」「学校の準備」「ごはん」「テレビ」「おふろ」「歯みがき」「おやすみ」があることがわかりました。

　次に，その一つ一つをカードにして，いつやるのかという時刻も書き入れました。カードは，目につくところに並べて貼り，これを見ればスケジュールがわかるようにしました。

　行動のパターンが決まったことで，毎日の流れが一定に保たれるようになり，息子の行動にもメリハリがつくようになりました。いまでは，「次は何をする時間？」と声をかけるだけで，カードを見ながら次の行動に移せるようになったので，私もとても楽になりました。「ご飯」「お風呂」「寝る時間」など，生活の基本となることは，できるだけ決めた時間に行うようにすると，ほかの生活のリズムも整えやすいと思います。

解説とアドバイス

　やるやると言ってグズグズとしていた事例のお子さんは，大人を欺いていたのでもなく，なまけていたのでもなく，やろうと思っていてもできない，どうしてよいかわからない，というのが真相だったようです。

　するべきことの段取りをつけることが苦手なお子さんの場合，この事例のように，「カード」などの目に見える手がかりを使うと，頭の中がうまく整理しやすくなり，優先順位もつけやすくなります。

　このカードを使うやり方は，学習場面でも広く応用できます。例えば，考えをまとめたり計画を立てたりするときに，アイデアをメモしたカードをたくさん並べて，それを元に順番を考えたり，足りない情報を見つけて情報収集したり，必要な情報と不必要な情報に分けたりしていくのです。このように，自分の苦手なことをどうしたらうまく解決できるか，自分自身で方法をみつけ出していく力を養うことも大切ですね。

　カードは，市販の情報処理用のものも使いやすいのですが，大きめの付せんも，貼ったりはがしたりが自由にできて便利です。パソコンに強いお子さんや中学生では，頭の中を整理したり自分の考えをまとめたりするためのソフトも市販されていますので，活用することもおすすめです。

　仕事の手順や方法を組み立てることを一般に「段取りをつける」といいますが，これを心理学の用語では「プランニング」といいます。問題解決場面で，目標を設定し，目標達成のための手段や方法を選択するためのプランを立てることです。

　プランニングは，主体的に学習し生活するうえでベースとなる大切な能力です。プランを実行する過程では，計画の進捗状況や方略の可否などをチェックするモニタリングの力と，必要に応じてプランを修正していくメタ認知能力も重要となります。

5

2着しか持っていないの？
—こだわりが強い—

> 小学校6年生の男の子です。この年齢になれば，男の子でも服装を気にし始めますが，息子はお気に入りのトレーナーばかりを交互に着ようとします。
> 季節や行き先に合っていなくても，平気でその服装で出かけようとします。注意して着替えさせるたびに，毎朝押し問答になります。

こうしてみました

　ほかの服を着るようにいくら言っても無駄なので，服選びは本人に任せることにしました。ときにはちぐはぐなこともありますが，そこは私が折れてOKとすることにしました。

　それから，息子の行動をよく観察してみると，たんすの引き出しの見えている範囲から，服を選んでいることがわかりました。奥の方や重ねてある下の方の服には，まったく目がいきません。また，いつもよく着る服は，洗濯した後，引き出しの一番上にしまわれるので，さらにそればかりに目がいってしまうということもわかりました。

　そこで，私の使っていたクローゼットを息子に明け渡し，四季の服を全部つるして，全体が見えるようにしました。すると，しだいに形や色の違う服の中から選んで，いろいろなコーディネートができるようになりました。

解説とアドバイス

　衣替えの季節になっても衣服を替えることができない子ども，同じ服ばかりを着ている子どもを見かけます。健康のために冬でもタンクトップ1枚という家庭もありますが，冬でも半ズボンしかはかない，夏でも長ズボンしかはかない子どもに，困っているお母さんもたくさんいます。

　「季節に合う服を選べる」「清潔な衣服を着る」などは，ソーシャルスキルのリストにも必ず並んでいる項目です。あまりにもこだわりが強く，TPO（時，場所，場合）に合った適切な服を選べないと，日常生活に支障をきたす例もあるので，少しずつ練習していくとよいでしょう。

　ただし，強制的にやめさせようとすると，かえって固執したり，気持ちが不安定になったり，違うこだわりに移行したりすることがあります。TPOに著しく合わない服でなければ，ファッションに許容範囲があるように，ある程度まではOKとしていくのが考え方の基本です。この事例でも，お気に入りのトレーナーを無理にやめさせず，クローゼットに服を並べて全体が見えるようにすることで，しだいにいろいろな服を選べるようにしていったことが成功の要因かと思います。

　また，「ライナスの毛布」のように，安心できる何かを持ち歩くことが必要な子どももいます。年少児の例ですが，紙おむつをいつも持っていないと不安定になる子どもがいました。この子の場合は，紙おむつをカットしてだんだん小さくしていき，最後にポケットティッシュほどの大きさにまで慣れ，外出もスムーズになりました。

　紙おむつの特定の感触にこだわっている場合なら，手触りが似ているハンカチに置き換えることもできます。ハンカチなら，年長児でも手にしていておかしくはありません。そのうちに，ポケットに入れておき，ときどき触って感触を確かめるだけで済むようになるでしょう。このように，こだわりが許容されないものであれば変えていくことを考えていきます。

　その子どもの感じている世界を共有しようという姿勢で接すると，上手な解決策が見えてくると思います。

6 へりくつ大王
―言い出したらきかない―

　小学校5年生の息子です。とっても頑固で，へりくつが多く，自分の主張を絶対に曲げません。学校でも，お友達との口論やトラブルが多発しているようです。
　ときどき言葉をへんなふうに覚えていたり，自分なりの理屈を押し通そうとしたりするので，私もなんとかして「常識」を理解させようと試みるのですが，周囲の言葉には耳を貸しません。以前にゲームや携帯電話を欲しがったときも，「みんな持ってる」「持っていないのはオレだけ」と言うので買い与えましたが，その結果は，トラブル続出でした。

こうしてみました

　「へりくつ事件」が起きるたびに，思いこみに気づかせようとていねいに説明するのですが，本人は頑として納得せず，最後は平行線に陥ってしまいます。そうしているあいだに，子どものセリフに挑発されて，こちらがキレてしまうことも度々です。
　そこで，そうなってしまったときは会話をいったん中断し，ほとぼりが冷めてから，もう一度話をするようにしました。これは意外に効果が見られ，本人の気持ちの変化を待つことの大切さを実感しました。
　また，息子の場合は，さまざまな人との出会いや経験を多くもつことが，世の中の常識や自分以外の人の考え方を理解していくために大切だと考え，多様な環境の中で子育てをするように心がけました。私自身も，子育て講座やボランティアなどに参加して視野を広げるとともに，親子を支えてくれる人を増やすように努めています。いまは，以前よりは少しだけゆとりをもって子育てができるようになってきました。

解説とアドバイス

　小学校高学年のある学級のお話です。Ａ君は友達とうまくいかず，クラスで孤立しがちでした。あるとき，級友のＢ君と口論になり，しだいに形勢が不利になって，最後はげんこつで殴ってしまいました。

　けんかの後，先生が，「Ｂ君が悪口を言ったことは悪い。でも，Ｂ君を殴ったことは反省しないといけないね」と時間をかけてＡ君を説得しようとしました。しかしＡ君は，「僕は悪くない」の一点張りで，あくまで「Ｂ君が僕の悪口を言ったからいけないんだ」と主張し続けました。

　そこで説明の仕方を変え，「グーはだめ。パーよりグーは痛いでしょ？　グーで人を殴ると危ないからね」と言うと，Ａ君の表情がぱっと明るくなり，「わかった」とうなずきました。そしてＡ君なりの理解の仕方で納得できた後は，先生の話を聞き，暴力はいけないことの意味を理解することができました。

　この例のように，自己中心的な考え方に固執する，他者を受け入れることができないなど，なかなか心を開くことがむずかしいと感じられる子どもがいます。まずその子の世界を受けとめ，具体的な体験を通して，ゆっくりとていねいに一つ一つ学びを積み上げていくことが大切です。時間をかけず，先を急いで頭ごなしにしかると，「しかられた」という印象だけが残ってしまいます。指導されたことの中身が残らないまま，子どもとの信頼関係を損なう結果になってしまっては残念です。年齢が上がり，経験が増えていくなかで，自己中心的傾向が薄まっていくこともあります。

　他者に心や感情があることを認識する能力は，生得的に１歳前後から芽生えるといわれています。これを，心の理論と言います。この能力が芽生えることで，子どもどうし，あるいは大人との相互的社会的関係を築くことが可能になります。言いかえれば，人の気持ちを読む能力，共感する能力がもてるようになるのです。自閉症スペクトラムではこの発達が遅れ，多くの場合，学習によって獲得されていきます。

7 ええと，ええと，もういいや！
―言いたいことがまとまらない―

> 小学校3年生の女の子です。学校から帰ると，その日の出来事を話してくれようとするのですが，いつも「ええと」「ええと」を繰り返し，言いたいことをうまくまとめて話すことができません。最後には，本人もいら立ってしまい，「もう，いいや！」とあきらめてしまいます。
> こちらも一生懸命聞こうとするのですが，学校の様子がわからないので，結局どんな話なのか想像もつきません。

こうしてみました

　毎週土曜日のランチを「家族会議」と名づけ，父親と一緒に三人で，いろいろな話をするようにしました。

　会議のメニューは，①今週のニュース，②家族への提案・お願い，③今週家族それぞれのよかったこと。家族が順番に発表して，感謝の気持ちを伝え合います。議長はもち回りで，司会・進行の仕方や話し方の見本を私たちが示し，娘の話す練習になるようにしました。

　例えば，ある日の家族会議では，「①パパからのニュース：中央公園で桜が満開になりました」「②娘からの提案：明日の日曜日，家族みんなでお花見に行きませんか？」「③ママからのよかったこと：今週は腰が痛かったのですが，ゴミ捨て当番をみんなが分担して手伝ってくれたので，とても助かりました。ありがとう」といった具合に盛り上がりました。

　娘もだんだん話し方のパターンがわかってきたようで，「もういいや！」で終わらせることもなくなり，少しずつ相手の立場も考えながら話すことができるようになってきました。

（学童期の親子バトル編）

解説とアドバイス

　この事例では，話すことが苦手なお子さんのスキルアップをねらった家族会議が，結果的に，家族内のコミュニケーションも高めているところがすばらしいアイデアだと思います。一石二鳥の事例です。

　母親に比べると，父親は子どもと接する時間が少なくなりがちですが，週末のランチを親子で話すサロンにしたことで，父親と娘のコミュニケーションも豊かになりました。

　日常のコミュニケーションである会話には，言語を通じて行う「言語的コミュニケーション」と，視線や動作，合図や信号などの「非言語的コミュニケーション」の両方が含まれます。

　話し言葉は，他者とのコミュニケーションの道具というばかりでなく，書き言葉の基本となり，考える力の元となるという意味でも大変重要です。まず，話そうとする子どもの気持ちを受けとめてあげるために，うまく話せなくても，子どもの話にじっくりと耳を傾けてあげましょう。

　そして話を聞きながら，「それは○○ちゃんのお話だね」と中身を整理してあげたり，「それからどうしたの？」と方向づけてあげたり，「ナナニチではなく，ナノカと言うのよ」などと正しい表現に言いかえてあげたりすると，子どもが言語表現力を高めていくための支援になります。

　すごく特別なことをしなくても，こうした働きかけを継続することによって，子どもは語彙力や言語概念，言語的知識を身につけていくことができます。書き言葉の力（「読む」「書く」にかかわる能力）を含めた言語的コミュニケーション能力全体が高まっていきます。

8 なだれ机
―整理整頓ができない―

> 小学校2年生の息子の授業参観に出かけ、ショックを受けました。息子の机の周りだけ、机の上にも机の下にも物があふれているのです。
> さらに机の中をチェックすると、持ち帰らなくてはならない大事なお知らせやプリント類が、くしゃくしゃになって詰め込まれています。これまで学校からの情報が届かず、困っていましたが、その原因がわかりました。
> 家でも息子は、食べたお菓子、着替えた服など、何もかもそのままです。すべて中途半端で、注意してもなかなか直りません。

こうしてみました

家に帰ってすぐに子ども部屋の机周りに収納グッズを置き、就寝前に親子で一緒に整理することを習慣づけました。

学校では、先生にお願いして、机の上にテープで印をつけてもらい、筆箱、教科書、ノートなど、置くべき物の位置がわかるようにしました。

また、カラフルな目立つクリアファイルを持たせ、持ち帰るべきプリント類をそれに入れるようにしました。

消しゴムは大きなサイズのものに替え、落ちたらすぐに気づくようにしました。筆箱の中身（えんぴつ5本、あかえんぴつ1本、けしゴム2こ、じょうぎ）は、一覧表にして筆箱のオモテに貼りつけ、毎日帰りに点検をして、ないときは落とし物コーナーを探すように約束しました。家では、予備の文房具も用意し、なくしたときなどの緊急時に備えました。

整理整頓の清々しさを息子が感じてくれるようになるといいなと思います。

(学童期の親子バトル編)

解説とアドバイス

　小学校低学年で，整理整頓ができない子どもというのは，あたりまえのように見かけます。最近は高学年でも，机の周りに物が散乱している子どもを，クラスに一人二人は見かけることが多くなりました。ひからびたパンやキャベツ（たぶん嫌いなのでしょう）が机の中から出てきたことや，上着を毎日学校に置き忘れ，数枚重ねて金曜日に着て帰った強者もいます。

　たかが整理整頓と思われがちですが，整理整頓がうまくできないと，学校での勉強や日常生活がスムーズにいかなくなります。また，大人になったときに，職業選択や日常生活でも苦労しがちです。うちの子は整理整頓ができないとあきらめずに，次のようなステップで，整理整頓がしやすい環境を工夫してみてください。

①ステップ1（モデリング）：親がお手本になって整理整頓をしてみせます。子どもに整理整頓の仕方を学習させるプロセスです。カラフルな箱を用意して，入れるものの名前を大きく書いておきます。おおざっぱでかまいません。まずは「片づいていると清々しい」という気持ちを味わわせることが，やってみようという動機（モチベーション）を高めます。

②ステップ2（環境調整）：物の置き場所を決め，そこに文字やマークなどの目印を貼り，子どもがそれを目で確認しながら自分で整頓できるようにします。初めは手伝ってあげながら，だんだんと自分でさせていきます。

③ステップ3（自己管理）：物の量や置き場所も自分で調整させていきます。自己管理のスキルを高めていきます。

　あるお母さんの場合は，「子どもは大人のように全体状況を把握しているわけではないので，どれが自分の持ち物かということすら認識していない」と考え，子どもが自分で管理できる量を決めてしまい，学校からのお便り，プリント，テスト，宿題などは，たまってしまう前に親が整理整頓をするようにしました。そして，学年が上がるにつれて，少しずつ子どもが自分で管理できる持ち物の量を増やしていきました。

　このように，子どもの能力に合わせてレベルを上げていくというのも，大変賢いやり方だと思います。

9 あれ？遊ぶ約束したっけ？
―ぼんやりしている―

小学校２年生のわが家の娘は，ほんとうにおっとりしています。
お友達との遊ぶ約束も，約束をしたのかしないのか，わからなくなってしまうことが多いようです。公園で２時間もお友達を待ち続け，結局一人で帰ってきたこともあります。

こうしてみました

家に帰る前に，学校でお友達と約束を確認するようにさせました。
そのとき，「だれと」「どこで」「いつ」の３つをしっかりと確認すること，それを忘れないようにすること，を意識づけました。
すぐにはできるようにはならなかったので，帰宅するとすぐに，「今日は遊ぶ約束をしたかな？」「だれかと遊ぶ約束をしたかな？」「どこに集まるんだっけ？」「何時に行くんだっけ？」と私が質問をし，３つのキーワードを思い出させるようにしました。
それでも約束を思い出せずにあいまいなときは，お友達の家に電話をして，「今日は遊ぶ約束をしたっけ？　何時にどこに行けばいいの？」と聞くように，確認の仕方を教えました。
学年が上がるうちに，だんだんと約束を覚えていられるようになりました。

解説とアドバイス

　保育園や幼稚園，小学校などで，落ち着かない，おしゃべり，座っていられないなどの「多動」な子どもや，順番が待てない，人の邪魔をするなどの「衝動性」が高い子どもは，行動がとても目立ちます。しかし，「不注意」のある子は目立ちにくく，ぼんやりしている子という印象だけで見過ごされてしまいがちです。

　必要な情報に注意集中を向けることが苦手なことを「不注意」といいます。「不注意」があると，学業や仕事場面でミスが多い，注意を持続することができない，話しかけても聞いていないように見える，仕事を最後までやり遂げられない，課題を順序立てることができない，学業や宿題のような精神的努力の必要な課題を嫌がる，外からの刺激に注意がそれる，毎日の活動を忘れる，といった様子が見られます。

　これらの不注意は，脳の中の「目標志向的な課題や作業の遂行にかかわる情報の保持と処理」を担当する領域に弱さがあって起こると推測され，本人の意志が弱いとか，努力不足ということではけっしてありません。ですから，子どもさんの実態に即して，きめ細かな支援をしてあげることが必要なのです。

　この娘さんの場合も，お母さんの適切な支援によって，友達との約束に意識を向けること，約束するときに意識して覚えておくべきこと（だれと，どこで，いつ，の3つのキーワード）がわかるようになり，さらに，覚えていられるようになるまでお母さんと確認を繰り返したことから，成長とともに，友達との約束を少しずつ覚えておけるようになりました。

第2章 学校生活 こまった編

1 ゆらゆら，そわそわ，お口も多動
―落ち着きがない―

　小学校1年生の男の子です。家で宿題をしている姿を見ていたら，いすをゆらゆら，足をぶらぶら，そわそわといつも落ち着きません。
　「学校でもそうなのかしら」と心配になり，こっそり教室をのぞいてみると，仲よしのお友達とおしゃべりが止まらず，授業をまったく聞いていません。お友達の席が一つ遠くになっても，お隣の子どもを間にはさんだまま，まだおしゃべりが続いているようです。

こうしてみました

　「授業中のおしゃべりは，みんなの迷惑になる」と言い聞かせても，「だって勉強がつまらないんだもん」と，反省の様子がありません。仕方なく，相手のお友達と完全に席を離してもらうように学校へお願いをしました。
　また，勉強がよくわからなくて，授業中に落ち着きがないのかもしれないと考え，毎日家で予習をさせるようにしました。
　さらに休日は，地域のボーイスカウト活動に参加しました。集団活動や野外活動を経験することで，ルールを守ることを理解し，もっと落ち着きが出てくるのではないかと考えました。活動には私も参加して子どもの様子を見守り，帰り道ではその日の行動を一緒に振り返って，話し合うように心がけました。すると息子も，自分の言動をだんだんと客観的に見つめられるようになり，集団の中でお友達とどのようにかかわり，どのように行動したらよいのかを，自分で考えられるようになってきました。
　いまは高学年になりましたが，落ち着きがみられるようになったねと，周りの方から言ってもらうことが増えてきました。

解説とアドバイス

　集中力が続かない，じっとしていられないというのは，年少の子どもならごくあたりまえのことで，年齢とともに改善され，しだいに落ち着くようになってきます。ところが，小学校低学年を過ぎてもなかなか落ち着かない子どももいて，集団場面などではとくによく目立ちます。

　このような子に，「授業中は静かにしなさい」と，ただルールを繰り返し教えても，なかなか効果はありません。落ち着きのない子は，体のどこかが常に動いている，じっと座っていられない，一つのことに集中が続かない，多弁であるというようなことがまず目につきます。そのため，行動面ばかりが問題視されがちなのですが，実はよく見てあげると，個別的に話しかければ理解できるのに，集団場面だと先生や友達の話が理解できない，自分の考えや意見を言葉で要領よく表現したり発表したりすることが苦手，といった学習面の問題があることもわかってきます。このような点にも気をつけて，注意の集中が持続し，多動が収まるような学習環境をつくりだしてあげること（環境調整）が必要になります。

　教室や子ども部屋からは，できるだけ余分な刺激を取り除き，シンプルな学習環境をつくります。また，子どもへの教え方も工夫します。言葉は端的にわかりやすく，課題は短く区切って，説明はリズミカルに。DVDなどの視聴覚教材や，手や体を動かす学習を取り入れるなど，子どもが飽きないように，上手に子どもの思考の流れをつくりだすように工夫します。

　また，子ども自身にも，集団場面への適応力をつけていきます。小学校低学年を過ぎてくると，子どもも自分の落ち着きのなさを理解し，どうすれば周囲と違和感なく過ごせるのか，それを克服するための方法を見つけ出せるようになってきます。例えば授業に集中できなくなったときは，顔を洗いに行く，図書室に行く，トイレに行くなど，クールダウン（その場を一時離れてリラックスする）することで，また授業に参加できるようになります。先生と話し合い，周囲の子どもたちの理解も促しながら，時と場に合うやり方を見つけ出してほしいと思います。

2 ちゃんとするってどうすること？
―言葉の意味や状況の理解がむずかしい―

> 小学校1年生の女の子です。入学して間もないある日のこと。家に帰ってきた娘が，「ちゃんとするって何すること？」と私にたずねてきました。
> どうやら帰りの会で，日直から「○○さん，ちゃんとしてください」とよく注意を受けているようです。本人にしてみれば，毎日同じことを言われ続けても何をどうしてよいかわからず，途方に暮れています。

こうしてみました

「ちゃんとする」ってどうすることなのか，改めて聞かれてみると，なかなか説明がむずかしいことに気づきました。なぜなら，時と場合によって，とるべき正しい行動は変化します。私がいつもそばにいて，「こうすればいいのよ」と教えてあげられればいいのですが，そういうわけにもいきません。かといって，目の前にない状況をあれこれ説明しても，周囲の状況に合わせて臨機応変に行動することが苦手な娘には，きっと通じないだろうと思いました。

そこで，考えた末に，「『ちゃんとして』と言われたら，とりあえずお隣の席の子と同じことをしておきなさい」と教えることにしました。お友達というお手本さえあれば，娘もそのとおりに行動することができますし，「どうしたらいいの？」といつもあれこれ悩むことなく，安心して学校で過ごせると思ったからです。担任の先生には，"ちゃんとできる"お友達の隣の席にしていただくことをお願いしました。

いまは隣の席の優しいお友達に助けられ，娘も安心して学校生活を送っています。

学校生活こまった編

解説とアドバイス

　娘さんからのドキッとする問いかけに，あわて動じることなく，見事な機転の利かせ方で，解決策を考え出したお母さん。「お隣さんと同じにする（よいお手本をまねる）」というアイデアは，ほんとうにお見事だと思います。そうでなくても，小学校という新しい場では，経験したことのない出来事が次々に起こり，娘さんはたくさんの不安を抱えがちだったでしょう。まず，そのような不安感を解いてあげたこともとても大切なことだと思います。

　小学生になると，幼稚園・保育園にはなかったたくさんのルールに，子どもたちはとまどいます。とくに言葉の理解に苦手がある場合，先生がみんなに向けて言ったことを，自分に言われたこととして聞くというのが，むずかしくなります。また，言われた言葉を表面的にとらえてしまう，相手の意図を読み取ることがむずかしい，状況をうまく理解できないというために，その場にふさわしい行動がとれず，「みんなと一緒に行動すること」がうまくいかないお子さんもいます。そのような場合は，その場の様子に合わせて，個別に言葉をかけてあげたり，状況に合った正しい行動を一つ一つ教えてあげたりすることが必要になります。

　しかし，いつも子どものそばについていてフィードバックしてあげることは，実際問題として不可能です。そこで，望ましい行動のお手本を示したり，見本になるようにやって見せてあげたりすると，言葉や状況の理解がむずかしい子どもにも，「こうすればいい」ということがとてもわかりやすくなります。ですから，とりあえずの対処法として，隣の席のお友達の行動をまねするというこの方法は，勘違いや思い込みから不適切な行動をとってしまうことを防ぎ，失敗を積み重ねずに済むようになるという点でも，すばらしいアイデアだと思います。

　集団の中でともに学び合い成長していけることが，学校教育の最大のメリットです。あたたかな学級の中での助け合いを通じて，どの子にも満足感や達成感が生まれ，人への信頼感や安心感が育っていきます。

③ オレに出された宿題じゃない
―宿題に取り組めない―

　息子は小学校2年生。新しい担任の先生は，1年生のときの先生とは違って，宿題を忘れてもうるさく言いません。すると息子は，宿題はやりたい人だけがやればいいものだと思い込み，手をつけようともしなくなってしまいました。
　そして，さらに困っているのが，小学校1年生の娘のことです。1枚15問ほどの算数プリントの宿題が，毎日終わりません。ぼうっとしたり手遊びをしたり，何時間たっても仕上げられず，時間ばかりがむなしく過ぎていく。その繰り返しです。

こうしてみました

　兄の場合は，担任の先生にお願いして，宿題を黒板に書いていただき，それを連絡帳に書き写させるようにしました。また，翌朝には宿題をやってきたかどうか声をかけ，忘れたときには休み時間に宿題をさせるようにしていただきました。家でも，毎日必ず宿題をやったか確認するようにしたことで，少しずつ取り組めるようになりました。
　妹の場合は，宿題にとりかかるまでが遅いうえ，集中できる時間も短いため，どのくらいできるかという目安を私が初めにつけることにしました。まず，時計を用意して，所要時間，いまの時刻，終わりの時刻を一緒に確認した後，問題を解かせます。これを，何分間で何問くらいできそうかということの目安にします。そして，「次は何番まで」というように，さらに時間を区切って問題を解かせていきます。このやり方で，しだいに本人もあとどれくらいで宿題が終わるかの見通しがつくようになり，思ったより早く終わったときなどは，大きな達成感が得られるようになりました。

(学校生活こまった編)

解説とアドバイス

　先生が自分に向けて個別に言ってくれたことでないと，自分のこととして話を聞いていないというお子さんがいます。また，自分に都合のよい部分だけを切り取って話を解釈してしまったり，思い込みで話を理解してしまったりすることもあります。この場合，きちんと聞けないこと，つまり聞く力に弱さがあることが考えられるので，理解しているかどうかを個別に確かめたり，わかりやすい表現で内容をていねいに言いかえたりしてあげたりするとよいでしょう。また，聞くのが苦手で話を聞いてもすぐ忘れてしまうという場合には，目で見て確かめることができるように，話の内容を文字や記号で掲示しておくのもよい方法です。

　そのうえで，家庭と学校が協力して，宿題をやり終えたか，提出したかどうかを，毎日確実にチェックして，習慣づけていきます。チェックしないと，「やらなくてもよかったのかな」と，自分に都合のよい解釈をしてしまい，やらなくなります。

　いっぽう娘さんの場合は，宿題をやらなくてはいけないことを理解していても，何から手をつければよいのかわからない状態だったと思われます。そのため，お母さんが，時間配分を決めて，課題を細かく区切ってくれたことで，最後まで集中して宿題のプリントに取り組めるようになりました。

　もし，内容の面でも理解ができずにつまずいている場合には，問題数だけでなく，難易度を下げることも必要になります。課題のどこでつまずいているのかをきめ細かくチェックし，教科書の少し前に戻って復習をしてから，スモールステップで理解させていきます。

　宿題や家庭学習は，自らすすんで学習しようとする態度の基本になります。学習習慣は低学年のうちから身につけたいものです。仕事でも家庭生活でも，学び続ける力は生涯にわたって求められます。成長とともに自分の得意な面と不得意な面を自覚できるようになったら，自分の得意な面を生かした学習方法を見つけ出せるように支援していけるとよいと思います。

4

また忘れたの？
―忘れ物が多い―

> 小学校3年生の男の子です。忘れ物が多く，提出物も滞りがちで，学校からよく連絡をもらい，肩身の狭い思いをしています。
> 週末に持ち帰ることになっている，上履き，体操着，給食袋も，毎週のように学校に置き忘れてくるので，わが子ながらあきれてしまいます。

こうしてみました

　家を出る前に，「今日こそは持って帰るように」と声をかけるのですが，効果はありません。帰るころにはすっかり忘れてしまうのです。
　そこで，金曜日に学校から持ち帰るものを，チェックリストにして持たせることにしました。さらに息子の場合，チェックすることさえも忘れそうなので，ポイント制にして本人が意識できるようにしました。無事に持ち帰ったら1ポイント，5ポイントがたまったらご褒美です。
　学校への提出物もポイント制にして，担任の先生にも学校での声かけをお願いしました。もちろん，毎朝，家の玄関で靴を履く直前にも，提出物を持ったか確認を怠らないようにしました。直前に声をかけないと，せっかく準備してあっても部屋に置き忘れてしまうのです。
　ポイント制にしたことで，本人もずいぶん楽しく取り組め，忘れ物をしないようにだんだん自分でも意識するようになりました。

（学校生活こまった編）

解説 と アドバイス

　小学校1年生の教室では，子どもたちが帰った後の教室を，担任の先生が点検している光景をよく見かけます。教室の中をぐるりと見回し，机の上に文房具が置かれていないか，床に物が落ちていないか，ロッカーの中に余分なものが残っていないか，忘れ物はないかなどをチェックします。とくに金曜日は，給食袋や上履き入れがフックに掛けられたままになっていることがあって，最終点検を怠らないことが肝要のようです。

　学校に持って行くもの，家に持ち帰るものを，うっかり忘れてあわてた経験はだれにでもあると思いますが，度が過ぎると学校生活に支障をきたします。高学年で提出物を忘れて平気な子どももいますが，中学生になると，提出物は厳しくチェックされ，忘れると成績にも響くようになるので，そのままだととても困ることになります。「忘れ物をしない」「提出物はきちんと出す」のは大切なことであるという意識を，小さいころからもたせていけるとよいでしょう。

　いくら言っても自分で意識することがむずかしい子どもの場合は，まず外からの支援をしてあげることが必要です。この事例のようにチェックリストを作ってポイント制にしたり，そのつど思い出させるように声をかけたりしてあげます。

　そして，さらに大切なのが，だんだんと自分自身でコントロールできるようにしていくことです。チェックリストを作るときには，初めは子どもと一緒に作業をして，だんだんと自分の力だけでできるようにしていきます。遠足のしおりのように，持って行くものや提出物を箇条書きにして連絡帳に貼り，用が済んだら□にレを打つようにするのもよいと思います。

　最近はスマートフォンのアプリでも，使いやすいメモ機能やリマインダー機能（忘れてはいけないことやスケジュール，記念日などを知らせてくれる）があります。子どもの年齢に応じて，いろいろな方法を試してみるとよいと思います。

5 真っ白連絡帳
―書くことが苦手―

> 小学校2年生の息子のことです。学校の連絡帳が真っ白なままです。
> いつも何も書いてこないため，明日の準備がわからず，クラスのお友達に毎日電話をして，教えてもらうことになります。授業のノートも途中までしか書いていませんし，算数ドリルやテストもすべて途中で終わっています。このまま様子を見ていても大丈夫なのでしょうか。

こうしてみました

　連絡帳に書いてくるようにいつも注意をするのですが，まったく効果がみられません。書くことに苦手意識があるようです。

　担任の先生に相談したところ，一番前の席にして，そのつど声をかけていただけることになりました。また，みんなと同じスピードで書き終われるように，「こくご」は「こ」，「さんすう」は「さ」などと，省略して書いてもいいことにしてくださいました。さらに，ちゃんと書けたときは連絡帳にかわいいシールを貼ってほめてくださいました。そのような配慮のおかげで，息子も少しずつ書くようになってきました。

　また，気になっていた授業のノートについてもたずねてみたところ，集中力が続かず，黒板を最後まで書き写せないことがわかりました。そこで，授業中も先生からできるだけ声をかけてもらうこと，書くことの得意なお子さんの隣にしてほしいことをお願いしました。

　自宅では，苦手意識が少しでもなくなるように，ゲーム感覚の算数教材で学習させたところ，算数ドリルにも取り組むようになってきました。

(学校生活こまった編)

解説とアドバイス

　書くことが苦手なお子さんをなんとかしたいと，無理に書かせたり強制したりすることがありますが，実はこれは逆効果です。苦手意識が強まり，書くことへの拒否感がいっそう強くなってしまいます。それよりも，少しずつ書かせて，書くことへの意欲をなくさないことを大切にしましょう。一度に書く量を減らす，書く時間を十分にとるといった配慮をしてあげることが，効果的です。

　しかし，学校で連絡帳を書く時間はとても限られていて，じっくりていねいに取り組む余裕はありません。書くことの苦手な子どもにとって，時間的な制限のなかで書くことはとても困難をきわめます。そこで，板書と連絡帳の形式を同じにして，黒板を見たらそのまま書き写せるようにしたり，あらかじめ連絡帳に項目を記入しておいて，該当箇所に○をつけるだけでよいようにしたりすると，書くことへの負担を軽減できます。例えば，時間割の欄に「こくご」「さんすう」「しゃかい」「ずこう」などと教科名を全部書いておき，先生が言ったものに○をつけるだけにする，などの工夫もよいでしょう。授業のノートやドリルの場合も同様で，できるだけ書く量を減らしたり，書きやすい工夫をしたりすることによって，書こうとする意欲をもたせることから始めます。

　それから，そもそもなぜ書けないのかという要因を探ることも，とても大切です。書けないという状況は似ていても，背景となる要因は子どもによってさまざまであり，それによって対応の仕方も変わってくるからです。

　例えば，黒板を書き写す様子を観察しているだけでも，いろいろなことがわかります。黒板と手元をいちいち見比べて，一文字ずつ書き写しているような子どもは，文字の形をとらえる，文字の形を記憶する，文字の形を思い起こす，このような基本的なことが苦手です。いっぽう，黒板はちらちら見るだけで手元を見て書ける子どもは，ある程度の語彙力（単語の意味を理解していて，実際の場面で使える力）をもっています。その子に合った連絡帳やノートの工夫をしてほしいと思います。

6 芸術は時を超えて？
―作品が仕上がらない―

　小学校5年生の娘の授業参観日。新しいクラスはどんな様子かなと，楽しみに出かけていきました。教室には，図工で描いた子どもたちの絵がたくさん掲示されています。ところが，うちの子の作品がありません。娘に確認しても，よくわかりません。不安になって担任の先生にお聞きしてみたところ，時間内に作品を仕上げられず，未完成のままなので，展示できていないということでした。
　本人は，「こうしたい。ああしてみたい」という思いはあるものの，アイデアがまとまらないうちに，いつも時間がきてしまうようです。

こうしてみました

　担任の先生のお話では，図工の時間はとくに準備に取りかかるのが遅い，指示を聞き逃して何をしてよいのかわからないことがある，何をつくるか決めかねているうちに終わりの時間になってしまう，とのことでした。そこで，どうしたら図工の時間に安心して取り組むことができるのかと考え，自宅で準備をすることにしました。

　まず，次の時間の単元を学年だよりで確認し，教科書を読んで内容を把握します。材料も必要であれば事前にそろえておきます。そして，つくりたい作品のイメージや手順を，親子でシミュレーションしておきます。ここまでやっておけば，授業でも課題にスムーズにとりかかり，時間内に提出することができるはずです。もしも作品を仕上げられないときには，放課後に残したり，宿題にしたりすることも先生にお願いしておきました。

　こうして，本人も時間内に仕上げることを意識するようになり，だんだん提出が間に合うようになってきました。

解説とアドバイス

　図工，お習字，家庭科，理科の観察記録，作文など……。周囲のペースに合わせて，限られた時間の中で作品を仕上げたり課題を進めたりしていくことが苦手なお子さんがいます。ともすれば，「時間切れ」「未完成」ということに，なってしまいがちです。まず，中途半端なままで終わらせないように，「最後まで仕上げる」という意識を本人にもたせていくことが大切です。そして，十分にとまではいかなくても，できるだけ時間を確保して，完成までしっかり取り組めるように配慮していきます。

　このようにして，「出来上がらなかったらどうしよう」といった不安感や，「また出来上がらなかった」という不全感を抱かせないように，学校と家庭が連絡を取り合いながら，乗り越えていけるとよいと思います。

　また，想像する力が弱いために，イメージをふくらませる，思いのままに表現する，自由に描いて楽しむ，といった造形活動に取り組みにくいお子さんがいます。手先が不器用で，クレヨンや絵の具などの取り扱い，はさみやカッターなどの操作がむずかしく，思うように作品をつくれないお子さんもいます。感覚がとても鋭くて，粘土やのりのべたつく感触が苦手というお子さんもいます。そのような場合には，この事例のように，親子一緒に家庭で準備をすることも一つの方法になると思います。

　図画工作という教科の目標は，「表現及び鑑賞の活動を通して，感性を働かせながら，つくりだす喜びを味わうようにするとともに，造形的な創造活動の基礎的な能力を培い，豊かな情操を養う」（小学校学習指導要領）とされています。「つくりだす喜びを味わう」「豊かな情操を養う」という図画工作の目標は，子どもたちの健やかな心をはぐくむとともに，自己表現のツールとしても大切な役割を担います。

　「どうせできない」「できなくてもいいや」とせず，どの子も自分なりの造形活動を楽しめるよう，支援や配慮を忘れないでほしいと思います。

7 だいじょうぶ！へいき！
―運動が苦手―

「だいじょうぶ！」「へいき，へいき！」が口ぐせの，小学校4年生の息子。親ゆずりで，運動が苦手です。心配なので体育の様子をときどきたずねてみるのですが，いつも「だいじょうぶ！」の返事ばかりで，「ほんとうに大丈夫なのかしら？」と思いながらも，本人が親の前ではどうしても見せようとしないため，その言葉を信じるしかありません。

ところが，ある日，遊びに来たお友達の話から，逆上がりも跳び箱も縄跳びも，やっぱりできないことが判明。「寒いから」「風邪気味だから」「体操着を忘れたから」と，さまざまな理由をつけて，体操着に着替えることすらしないこともあるようです。

こうしてみました

息子が言う「だいじょうぶ」のほんとうの意味は，「その場をなんとか切り抜けさえすれば，できなくても平気」ということに気づき，思わずがっくりきてしまいました。

鉄棒も跳び箱も縄跳びも，周囲の子どもたちはぐんぐんと上達して，できない自分と差がついてしまい，それでなくても苦手な運動への意欲が，ますます低下してしまったようです。自信もやる気もなくして練習しなくなった結果，お友達との差はさらに開いてしまい，いっそう自信を失うという悪循環が生まれている様子でした。

そこで休日は近所の公園に出かけて，親子一緒に鉄棒や縄跳びの特訓をしました。散歩中に声をかけて教えてくれる人などもいて，励みになりました。こうして少しずつですが，できるようになり，体育に取り組もうとする姿勢もみられるようになってきました。

解説とアドバイス

　夏休みのラジオ体操。「いち，に，さん，し，……」と，音楽や号令に合わせて，大人も子どもも手軽に楽しく運動に親しめます。

　そこへ一緒に参加してみると，いろいろな動きをしているお子さんがいることに気づきます。

　——リズムに合わせられず，周囲と動きがずれてしまう子。

　——右手と左手がみんなの動きと逆さまになっても知らぬ顔の子。

　——手を振れば足の屈伸ができず，足を屈伸すれば手が振れない子。

　このような子どもたちの多くは，例えば，手押し車（2人組になり，1人が足を持ち，もう1人は手の力で前へ進む運動）をさせてみても，いかにもぎこちない体の動きが目立ちます。また，ボール運動やゲームも苦手なことが多く，放っておくと運動嫌いになってしまう心配があります。

　自転車の乗り方をマスターするのに一定の練習が必要であるのと同じで，鉄棒や跳び箱などの器械運動や，縄跳びやボールなどの道具を使った運動には，もともとの不器用さだけではなく，「それをしたことがあるか」という経験が，大きく関係しています。

　小さいころにボール投げや縄跳びで遊んだ経験がたくさんある子どもは，動きが不器用でも，なんとかこなせますが，経験がないお子さんの場合は，苦手意識も手伝って，ずっと「できないまま」になってしまいがちです。なるべく早くから，体を動かしたり，ボールや縄を使って運動したりする経験をたくさんしておけるとよいと思います。

　そのためには，この事例のように，親子で一緒に体を動かすこともおすすめです。上手でなくても，一緒に運動することで，お子さんとの自然なコミュニケーションやスキンシップがたくさん生まれ，情緒面の安定にも役立ちます。

　適度な運動の習慣は，心身の健康によいだけでなく，大人になってからの趣味や余暇の時間も充実させてくれます。生涯にわたって運動に親しんでいきたいものです。

8 「2」と「5」―どっちがどっち？
―形が見分けられない―

> 小学校2年生の女の子。「いま何時？」とたずねても，なかなか返事が返ってきません。
> 確かめに行ってみると，デジタル時計が「2時52分」を表示しています。もしかして，「2」と「5」の違いがわからないのでしょうか。確かに形は似ていますが，そんなことってあるのでしょうか。

こうしてみました

　正直なところ，「ほんとうにこれがわからないの？」と半信半疑でしたが，「もし見分けられないのだとしたら，それを責めても仕方がない」と思い直し，のんびり構えることにしました。

　時間はわかるはずなので，時計盤のあるアナログ時計のほうを読ませてみたのですが，あまり効果はありません。それからは，できるだけ見やすい数字が，大きくはっきりと書かれていて，余分な飾りのない時計を与えるように心がけました。

　学年が上がるにつれて，2と5の区別はつくようになりましたが，中学生になったいまでも，数字はあまり得意ではありません。急いでいるときなどは，時間を読み間違えてあわてることが度々あります。

（学校生活こまった編）

解説とアドバイス

　この事例のように，形を見分けることが苦手というお子さんがいます。見る力に弱さがあるので，違いがはっきりとわかるような提示の仕方を工夫してあげることが必要です。

　また，似ている数字が見分けられないという場合には，ひらがなどの読み書きにもつまずきのあることが予測されます。ひらがなやアルファベットのようなシンプルな文字は，形の違いを見分ける手がかりが少ないので，間違えやすいのです。例えば，「つくし」の「つ」や「し」を鏡文字に書いてしまったり，「あ」と「め」を混同したり，アルファベットの「p」と「q」，「b」と「d」が見分けられない，などのことがないか，注意して見守ってあげてください。

　デジタル時計などに使われている数字は，とくに見誤りやすいかもしれません。「2」と「5」，「6」と「9」は反転させれば同じ形になりますし，「3」と「8」，「1」と「7」のように細かな違いを見落としやすい数字もあります。アナログ時計でも，「Ⅰ」「Ⅱ」などローマ数字を使ったものや，文字を変形させたデザイン性の高いものは読みにくいでしょう。

　数字にも，漢字と同じようにフォントの種類があって，見た目の印象がまるで異なります。さまざまなフォントの中から，お子さんが見やすいものを選びましょう。年少児なら，1年生の教室によく見受けられるように，時計の周り

明朝体	2　5
ゴシック体	**2　5**
教科書体	2　5
丸ゴシック体	2　5

に「1じ」「2じ」と書いたシールを貼っておき，「短い針がここに来たら何時」というような読み方ガイドをつけておくのもよいかもしれません。

　また，数字や文字だけでなく，記号の場合も形が似ていると混同します。例えば，エレベーターなどに書かれている◀▶などの記号は，大人でも間違えることがあります。けれども，「ひらく」「とじる」と書いてあったり，「ドアが開きます」「ドアが閉まります」と音声も同時に流れたりすれば，間違えることはないでしょう。無理に読ませるばかりではなく，このような工夫を考えることも効果的です。

⑨ 記憶の扉にはドアノブがない
―作文が書けない―

> 小学校4年生の息子は、作文が大の苦手です。原稿用紙を前にぼんやりしているので、書きたいことが見つからないのかと思い、「夏休みにはどんなことがあった？」と声をかけてみたのですが、「忘れた」と言います。ふざけているのかと思い、つい怒って「そんなわけないでしょう」と問い詰めてしまったのですが、どうやらほんとうに覚えていないようです。
> そして、「ぼくの記憶の扉にはドアノブがない」──ぽつりと、そうつぶやいたのです。

こうしてみました

　初めは、「覚えておこうとする気持ちが足りないから思い出せないのだ」と思いました。でも、よくよく聞いてみると、強く印象に残ったこと以外は、ほんとうにあまり覚えていないのです。私と一緒に話すことで、ようやく少しは思い出せるという感じです。

　そこで、経験したこと、覚えておくべきこと、大事な出来事については、写真、絵、しおり、チケットなどを全部保存しておくことにしました。

　作文を書くときは、まず、大きな紙に「はじめ」「なか」「おわり」の枠を書いたものを用意しました。次に、とっておいた写真などを、その枠に当てはめて置いていくことで、話の大きな流れをつくりました。それを見て、「どんなことがあったか」「どんな気持ちだったか」などを親子で話し合いながら、作文を完成させていきました。

　小学校高学年になったいまでは、自分で考えや意見をまとめて書けるようになってきました。

(学校生活こまった編)

解説とアドバイス

　小学校で求められる「書く」能力には，経験したことや想像したことの中から題材を決める，自分の考えが明確になるよう順序に沿って構成する，文や文章を書く，書いた文章を校正する，感想を伝え合う，というプロセスが含まれます（小学校学習指導要領，2008）。

　作文が苦手という子どもの場合は，最初の「題材集め」の段階でつまずいていることがほとんどです。ですから，まず，題材を集め，書くことを決めるところから手伝います。

　「記憶の扉が開けない」と訴えるお子さんに，写真や絵を見せて思い出せるようにしてあげたこと，それを枠にはめ込む作業をさせたことは，題材集めのとても有効な支援になったと思います。この場合，写真や絵は，過去の出来事やエピソードを思い出す"ドアノブ"の役割を果たしています。また，枠に順番に当てはめたり並べたりするという作業は，ごちゃごちゃになってしまった記憶の引き出しを視覚的に整理して，取り出しやすくするという効果があります。

　新学習指導要領では，書く力を育てるため，想像したことを書く，経験や観察に基づく報告文や記録文を書く，身近な事物を題材とする説明文を書く，紹介したいことをメモする，伝えたいことを簡単な手紙に書く，というように，さまざまな言語活動を重視しています。今後は，作文用紙に書くこと以外にも，多様な言語活動が登場することと思います。そこで，タブレット端末で撮った写真をメモ代わりにし，それを並べ替えることで文章構成を考える，などというアイデアもよいでしょう。ICレコーダーにそのときどきの自分の意見や話し合いの様子を録音しておき，再生したものを聞きながら文章にする，というのもよいかもしれません。

　さらに忘れてはならないことは，書き言葉のベースには「話し言葉」があるということです。日常生活を通して体験するさまざまな事柄を，楽しみながら正しい言葉でお子さんが表現できるよう，周囲の大人がかかわってあげてほしいと思います。

10 どうしたら覚えられるの？
―テストの点が取れない―

中学校2年生の女の子です。定期試験に慣れてきたころから，「テストでよい点を取りたい！」「でも，どうしたら授業の内容を覚えられるのかわからない」と切実に訴えるようになりました。本人としては一生懸命に勉強しているのに，どうしてもテストの点数が上がらず，納得がいかないようです。
　がんばれば成果があがるという達成感をもたせてあげたいと思うのですが，現実は厳しく，どうしたらよいでしょうか。

こうしてみました

　娘のテスト勉強は，私の目から見ても効率よく進んではいません。読むことや書くことが遅く，問題集を解いたりノートに要点をまとめたりすることがまだ終わりきらないうちに，テストの日がきてしまうのです。

　そこで，書くよりは，読むほうが，まだ覚えられるのではないかと考え，「教科書を声に出して3回読みなさい」と，アドバイスしました。苦手な学習法で余分なエネルギーを費やすよりも，できるだけ楽な方法で取り組むほうが，成果があがると考えたからです。すると，社会科は毎回この方法で95点以上が取れるようになりました。

　自信がつき，やる気が出てきた娘は，他の教科でも少しずつテスト勉強の方法を工夫しながら取り組むようになりました。

(学校生活こまった編)

解説とアドバイス

　教科書を読むのが苦手で，先生にいつ指名されるだろうかと常に不安を抱いている子どもや，書くことを避けてノートに何も書こうとしない子どもがいます。多くの場合，読み書きへの拒否感は，小学校高学年ころには，いっそう強くなり，なかには，自分の名前さえ文字で書かず，サインのような「記号」で済ませる子どももいます。

　読み書きの苦手な子どもにとって，黒板や教科書を周囲の子どもと同じ速度でノートに書き写すことは大きな負担となります。小学校低学年のうちは学習になんとかついていけても，学年が上がるほど書く量は増えていき，内容もむずかしくなります。書き写すことだけにエネルギーのすべてを費やしてしまい，肝心の内容は理解できないまま終わってしまうことになります。

　このような子が，学校のテストで力を発揮できないことは想像に難くないでしょう。そのような状態が慢性化すれば，勉強しようとする意欲が減退し，学ぶことの楽しさも感じられなくなってしまいます。また，中学校の定期試験での成績は，その後の進路決定にかかわるという意味でも重要です。

　このお子さんの場合は，お母さんのアドバイスにより，声に出して読むという，耳から覚える勉強法に切り替えたことで成績があがりました。さらに，自分に合った勉強法を見つける必要性に本人が気づいていきました。

　このほか，効率のよいテスト問題の解き方を知らないがために，点数を取れないという子どもも多くいます。そのような場合は，まずテストに慣れるために問題をたくさん解くことから始め，そのなかで，各教科に特徴的な出題パターンや，答え方のコツを覚えさせるようにするとよいでしょう。例えば国語では，問題文より先に設問を読んで答えを探しながら問題文に当たる，繰り返し登場するキーワードに丸をつけながら読んで全体を理解するなど，効率のよい読みの方略を身につけていきます。

　このようなワザを身につけると，テスト本番でも不安を覚えることなく，課題そのものに集中し，自分の力を発揮できるのではないかと思います。

第3章 思春期の親子バトル編

1 毎朝がバトル
―自立した生活―

　高校生の息子とは，毎朝がバトルです。起こしても，起こしても，起きてこない。脱いだ服は脱ぎっぱなし。くつもそろえない。朝になると「〇〇はどこへ行った？」の大騒ぎ。食後に茶わんを片づけるように言っても，もちろん食べっぱなし。あれもしない，これもしない……。
　「高校生にもなって，いい加減にしてよ」と，ついイライラとして，怒鳴りつけてしまいます。

こうしてみました

　毎日，「こんなことで，将来は大丈夫なの？」「ひとりで起きられなくて，就職できるの？」と言い続けました。でも，肝心の息子は，そんなことはどこ吹く風です。解決しないことにエネルギーを注いでも，親子ともに疲れてしまうということに気づきました。
　そして，これ以上言っても変わらないのなら，この子のやらないこと，できないことは私がさっさとやってしまおうと考えることにしました。例えば，脱ぎっぱなしの制服は，「脱いだら掛ける」などと言って，ハンガーに掛けてしまいます。あえてこちらを意識させながら，何をどこにどのように掛けたのかがわかるように，毎日やってみせ続けました。机や部屋の片づけも一緒にします。最初はほとんど私がやって，片づいている状態を見せて，イメージできるようにし，徐々に親が手伝う部分を減らしていきました。
　イライラすることが減ってからは，少しだけ心に余裕ができました。また，制服に関しては，いつのまにか息子が自分でハンガーに掛けるようになりました。まだまだやらないことが多いのですが，やればできないわけではないこともわかってきたので，根気よくつき合っていきたいと思っています。

（思春期の親子バトル編）

解説とアドバイス

　得手不得手はだれにでもあるものですが、「どうしてこんなことができないの？」というくらい、能力に大きなデコボコのあるお子さんがいます。大人顔負けの口がきけても、身の回りのことは小学生以下。そんな部分を理解してあげるのは、親御さんであっても大変だと思います。

　この事例では、お子さんにやってほしい行動（この場合は制服を掛けること）を、お母さんがお手本となり、お子さんにもできるような形で示し続けたことによって、本人が少しずつ自分でもやるようになりました。これをちょっと専門的な言葉で言うと、「構造化による環境調整」や「スモールステップでの学習」といいます。コツは、徐々にお母さんが手伝う部分を減らしていくことです。甘やかしになるからと、「もう中学生なのに」「高校生なのに」と言うだけでは、なんの解決にもつながりません。それよりも、「どうすればできるだろう」「つまずきはここかな」という視点で見てあげると、親子のバトルは和らぎます。

　身の回りのことができないと、将来のことがつい不安になりがちですが、社会に出て必要な能力には、さまざまなものがあります。コラムのようにいろいろな視点からお子さんを見てあげると、意外な成長に気づくことも多いのではないかと思います。

Column

「ライフスキル」とは

　ライフスキルとは、「人々が日常生活で生じるさまざまな問題や要求に対して、建設的にかつ効果的に対処するために必要な能力」（WHO：世界保健機関,1993）と定義されます。主要な5組（10種類）のスキルには、次のようなものがあります。

①-1 意思決定スキル　①-2 問題解決スキル
②-1 創造的思考スキル　②-2 批判的思考スキル
③-1 効果的コミュニケーションスキル　③-2 対人関係スキル
④-1 自己認識スキル　④-2 共感スキル
⑤-1 情動抑制スキル　⑤-2 ストレスへの対処スキル

2 フロントガラスが蹴破られ!!
―感情のコントロール―

> 中学校2年生の娘と，家族3人でドライブをしていた最中のことです。
> ドライブ日和のこの日は，案の定，渋滞にはまってしまい，なかなか目的地にたどり着きません。朝から少し虫の居所が悪い娘は，ぐだぐだ，ぶうぶうと，文句を言い始め，父親がそれに活を入れました。
> その途端。なんと，娘はフロントガラスをキック！
> ガラスが見事に割れたのでした。

こうしてみました

　フロントガラスが割れたことに夫も私も唖然としましたが，「巻き込まれてはこちらが負け。敵はやる気だ！」と，動じない構えで，娘のぐだぐだの状態が収まるのを待ちました。

　こうなったら，しばらくそっとしておくしかありません。思い出すのは，幼稚園の年少組のころのこと。公園で遊んでいて，「もう夕方だから帰るよ」と声をかけると，いきなりガブッ！　わき腹に激しい痛みを感じました。娘にしてみれば，「もっと遊びたいよ」という表現だったのでしょう。

　娘は，たまにですが，こうしたパニックのような行動を起こします。収拾がつかなくなる前に防ぐというのが基本なのですが，イライラは少しずつたまってきて，あるときこらえきれずに爆発してしまうようです。そこで，そろそろまずいかなと感じたら，ほんとうに爆発してしまう前に，あえて怒鳴らせてあげる，泣かせてあげる，というのが効果的なようです。

　我が家では，リビングの隣の部屋にバランスボールが置いてあります。学校に行く前にバランスボールでちょっとしたエクササイズをすることが，イライラの発散になっているようです。

(思春期の親子バトル編)

解説 と アドバイス

　しばらく前に「キレる若者」が社会問題になりましたが、年少児や小学生も、突然にキレたり、パニックになったりすることがあります。このお子さんの場合も、フロントガラスを蹴破るという行動で、何かにイライラする気持ちを表現せざるをえなかったのでしょう。

　周囲からすると「突然に」と感じられるのですが、本人にとってはなにか理由があるものです。こちらが予想もしない出来事に過敏に反応している場合もあります。衝動性が高かったり、ちょっとした刺激に興奮したりする場合には、順番を守ることや長時間待つことがとてもストレスになります。こだわりが強く反復的な行動を好む子どもでは、毎日の日課や自分なりの決めごとなど、一定のルーティーンが崩されることに抵抗を示します。例えば、予定の変更がむずかしく、「雨が降ったから遠足が中止」ということを受け入れるのに、一苦労する子どもがいます。このような場合には、「雨が降ったら遠足は中止」「図書館で調べ学習をします」のように、事前の予告をしておくことが重要です。

　また、感覚が敏感すぎて、特定の音やにおいなどを嫌がる子どももいます。過敏性があると、友達から軽く肩をたたかれただけなのに、驚いて殴られたと勘違いしたり、集団を怖がって教室に入れなかったり、特定の音がいやで音楽室に行かれなかったり、というようなことが日常的に起こります。

　コントロール不能な気分の変動の激しさをもつ子どももいます。この場合は、自分自身でもどうしようもない「怒りの爆弾」を抱えているようなものです。爆発しそうになってから無理に抑え込ませるよりも、周囲の大人が刺激をコントロールしてあげたり、その子に合った方法で気分転換をさせてあげたりすることが大切です。

　爆発が起こったときの状況を思い起こしながら、日常的なお子さんの様子を観察してみると、なぞが解けるかもしれません。学校の先生や放課後サークルの指導者など、小さいころからその子をよく知っている人や家族に聞いてみると、どのようなときにキレてしまうのか、その背景がわかると思います。

3 家庭内整理は？ いまでしょう
―反抗期・家庭内暴力―

中学校3年生の男の子です。いつも大人しくニコニコしている息子が，昨日は学校から帰ってくるなり突然「明日から学校に行かない」と怒鳴り，大きな音を立ててドアを閉め，自室にこもってしまいました。部屋の中からは，ドカドカと壁を蹴っている音まで聞こえてきます。数日前から考え込むことが多く，手をギュッと握りしめている様子が気になってはいましたが，こんな行動をとったのは初めてで，私は驚きのあまり声も出ませんでした。このままエスカレートしたらどうしよう，男の子だし，家庭内暴力に発展したら……と，考えるほどにとても不安を感じます。

こうしてみました

　頭がグラグラし，自分でも取り乱していると感じたので，少し時間をおこうと，居間に戻ってテレビをつけました。でも，内容が何も頭に入ってこないので，家の片づけを始めることにしました。

　しばらくすると，息子がゆっくりと部屋から出てきました。私もだいぶ落ち着きを取り戻していたので，「ごはんができたよ。おなかは空いていないの？」とふだんどおりに話しかけました。息子は自分から席に座り，おはしを持ちました。食べて気分が落ち着いたのか，たわいもない話を少しだけしました。

　食事の後になると，テレビの前で，「今日はなんかイライラしたんだ……」と，息子がぽつりと言いました。私も深入りしないように，「そういうこともあるよね」と，返事をしました。息子の顔を見ていると，イライラしている原因が，自分でも整理できていないように感じられました。そうだとすると，いまここで，あまりいろいろ聞いても仕方ないのかもしれません。落ち着いて話せるようになるまで待とうと思いました。

(思春期の親子バトル編)

解説とアドバイス

●**心配しすぎない**

　このお母さんのすごいところは，息子さんの突然の行動に焦って，いきなり理由を聞いたり原因を探ったりしなかったところだと思います。これは親として，なかなかできそうでできない行動です。

　思春期・反抗期の子どもの心の中は激しく揺れ動いており，瞬間的に攻撃的な行動をとってしまうことがあります。それは，たいていは衝動的な行動で，一過性のものです。ところが，周囲が過剰に心配したり不安になったりすると，今度は子どもは自分が周囲から信頼されていないと感じてしまい，ますますいら立ち，攻撃的になってしまいます。

　ですから，なんでもすぐに「家庭内暴力」と結びつけず，まずは冷静な気持ちを保つことを心がけたいものです。そして，子どもがぽつりぽつりと語りだしたときに，しっかり話を聞ける姿勢を整えることが初期段階の解決につながります。ここで心が開いているタイミングを逃してしまうと，イライラを長引かせてしまいます。

●**整理整頓の時期**

　子どもの心の中が激しく揺れ動いている時期には，まず本人の外側から，整理整頓を始めることをお勧めします。

　事例のお母さんのように，いつもはしない場所の掃除や片づけなどをすると心が落ち着くことがあります。それは，何か心配事があるときに，目に見える物が片づいていくことで，心も落ち着くからだと思います。

　思春期・反抗期の子どもも同じことで，気持ちが不安定なときに部屋に物があふれているとイライラしてきますし，ついその辺の物を投げたくなったりします。そこで，片づけや掃除，模様替えなどで，まず家の中をすっきりさせてしまうことが効果的です。

　内面である気持ちの整理も大切ですが，まだ大人への成長過程なので，すべてを子どもに任せておくのは心配です。思春期の子どもは，何事も自分で決定権をもちたがりますが，そのいっぽうで，親任せにしてきたところから自分で決めることへの不安も感じています。繊細なのです。そこで，「自分

の周りを見回すよい機会だ」「一緒に考えよう」と，子どもの話に耳を傾けながら，ぜひ一緒に悩んであげてほしいと思います。

　とくに，友人や先輩との人間関係，金銭管理などは，子ども任せにしておくと，人間関係が苦手な子どもの場合は，思わぬトラブルに発展することがあります。家族のだれかがときおり一緒に整理してあげることが必要です。

●エネルギーの出口をみつける

　ある高校2年生の男子は，自分の中にあるイライラをどこにどうぶつけてよいのかわからず，物を壊したり，ときにはお母さんに手を上げたりしていました。しかし，イライラが落ち着くと急に申し訳ない気持ちになり，そんな自分をずっと好きになれないでいました。

　そんなある日，剣道場がふと目に入ると，剣道をやりたい気持ちが突然わいてきました。家に帰って相談すると，意外にも父親が自分もやってみたいと言い出し，すぐに一緒に申し込みに行きました。

　剣道を始めて，彼は，人から受ける痛みを初めて自分でも経験しました。また，練習を重ねるなかで，力まかせの攻撃が相手から嫌がられることに気づきました。以前は，自分が相手にとった行動は反省せずに，人からされたいやなことだけに過敏に反応するので，友達とはかなり距離ができていたということでした。そのような学校での孤独感も，彼にはとてもつらいものであったと思います。しかし，剣道を通じて力のコントロールを覚えてからは，彼が物や家族に当たることはかなり減ったそうです。心から打ち込める剣道に出会ったことで，彼はイライラしないでいられる自分の姿を発見し，またご家族からそれをほめてもらうことで，自信を取り戻していきました。

　もし彼が剣道と出会えなかったら，『何をやっても僕はダメなんだ』という傷つき体験が積み重なり，見逃すことのできない本人の苦しみとなってしまったかもしれません。このようなとき，子どもはほんとうに苦しい思いをしています。そんな自分から変わりたいと切実に願います。親御さんの目から見ていてもつらそうだと感じた場合には，早めに相談機関も利用してみてほしいと思います。周囲も本人も我慢をしすぎず，吐き出せる相手を一人でも多くみつけられることを願っています。

4 友達関係ってサバイバル！
―「信頼できる大人」や「幼なじみ」の存在―

> 高校2年生の娘。明るく元気に学校に通っていたのですが，最近になって，「いちばんの話し相手だった○○さんが，返事をしてくれない。なんだか避けられているんじゃないかって思ってしまう」と言い出しました。辛そうなので，「気のせいじゃないの？　大丈夫よ」と慰めても，「わかってないな！」と強い口調で言ったきり黙り込んでしまいます。
> さらに，「あの子がほかの子と私を見て笑った」「無視した」などと言って，ひどく落ち込んだり，イライラしたりするようになりました。

こうしてみました

「気のせいじゃないの？」という私の言葉に，娘は突き放されたと感じたようです。そこで次からは，「そうなんだ。なんだか気になるねえ」と，本人の言いたそうなことを代弁するようにしました。すると，「そうなの！いやになる！」などと反応が返ってくるようになりました。二人で並んで洗濯物をたたみながら話すと，向き合いすぎずに，お互いに落ち込まないで話せて，ちょうどよい感じでした。

また「自分に悪いところがあったのかな」「何が悪いかわからない」とひどく落ち込んでいるようなので，思わず私も「○○さんっていやな子なの？」「困っちゃうねえ」と批判めいたことを言ってしまいました。すると，「○○さんがいやな子ってわけではない」「○○さんはそう思っていないかもしれない」と，言い方が変化してきました。

「そうか。避けられているかもしれないことがいやだったんだね」「原因がわからないと気になるよね」と，本人の言葉を繰り返すように言い，ゆっくり話を聞くようにしました。

解説とアドバイス

●サバイバルな人間関係

　いまの子どもたちの人間関係は，ごく短期間の間に，めまぐるしく変わることがあります。SNSやメールで頻繁に連絡を取り合っていますから，一晩のうちに関係が変わってしまうということもめずらしくありません。

　どのグループに属するべきか，自分はクラスでどんな立ち位置なのか，変化する周囲の状況にも常に気を遣っていなくてはなりません。それほど，子どもたちの人間関係というのはサバイバルの連続なのです。

　その程度の人間関係ならば，いっそどのグループにも属さなければいい，というのは大人の考えです。それだと子どもは，遠足や宿泊行事など，クラスの中での居場所を失ってしまうのではないかと不安になります。もしそうなってしまったら，たとえ先生の介入でどこかの班に入れても，その居心地の悪さには耐えがたいものがあるでしょう。不自然な関係のなかでさらに苦境に陥り，「いじめ」のような状況になることもあるかもしれません。

　また，友達との関係がむずかしいという相談は女子に多いと思われがちですが，実は男子の悩み相談も多く，見過ごせません。この事例とまったく同じような悩みを男子生徒から聞いたこともあります。

●親は何ができるか

　「友達とうまくいかない」という感覚は，はたからみれば気のせいとしかみえない場合でも，本人にとっては不安で，最大の悩みになります。しかし，このような悩みを先生や周りの友達に相談してみても，多くの場合，「そんなことないよ」「気にしないほうがいいよ」などと言われるだけで，本人にしてみれば，これらの言葉は単なる気休めのように聞こえます。解決の糸口が見つからず，「自分をわかってもらえない」「どうすればよいのか，ますますわからない」と，不安が広がり，孤立感を深めてしまいます。

　子どもたちの人間関係に，大人が簡単に介入できるものではありませんが，本人の孤立感・不安感に寄り添うことはできます。「友達とうまくいかない」という孤立感は簡単には解決しなくても，「共にいてくれる大人」の存在が，不安を和らげることにつながります。

この事例でも，自分の気持ちに近づいて一緒に居ようとしてくれているお母さんの気持ちが伝わり，少しずつ娘さんも前向きな考え方ができるようになりました。こんなふうに，まずは，パパやママ。そして，できればもう一人。親とは異なる，自分をわかってくれる存在がいると，孤立への不安はぐっと楽になります。同じ学校でなくても，幼なじみとの会話によって救われる，ほっとできるという例もよくあります。そして，このような存在は，非行とつながるような友人関係に走ることの予防にもなります。

● こだわりが原因の場合も

ここでもう一つ考えておきたい可能性があります。まじめで一生懸命なお子さんほど，「友達は，こうあるべきだ」という考えが強くなり，その『思い』とぴったり合わない『現実』との落差の中で苦しむことがあります。

例えば，1年生のときの友達との関係がとても心地よかったために，そのイメージにこだわってしまい，2年生になってからの新しく発展した関係に適応しにくいということもあります。時間がたてばお友達も，お友達との関係も変化していきますが，変化への適応が苦手だと，相手の成長による変化を認められないまま，いままでの安定した関係を無理に維持しようとして，関係がむずかしくなるのです。

そういうときには，『一人の決まった友人関係へのこだわり』を解くことが本人の悩みを和らげるポイントになります。信頼できる人や幼なじみとの安定した関係のなかで，堅くなりやすい心を和らげ，自分の状況を「これでよいのだ」と受け止めることで，変化に対応し，次のステージに移行する力をつけられるようにしていきます。学校にいるスクールカウンセラーなどに相談することが有効な場合もあります。

また，「友達をつくる」ということに周囲や本人がこだわりすぎないことも大切です。友達は，数がいればよいというものではありません。また，一人で居ることが好きな子どももいますし，一人になりたい時もあるはずです。そんなときには，ずかずかと介入せず，そっとしておくことの大切さも忘れないようにしてあげたいものです。ただし，もし，「私を見て笑った」「悪口を言った」という訴えや，現実に考えにくい場面での訴えが頻繁で，ひどく辛い場合は，児童精神科などに早めに相談することが大切です。

5 ある日，学校に行かない！宣言
―登校しぶりと不登校―

中学校1年生の娘のことです。朝になるとぐずぐずと支度が進まず，家を出たと思っても，バスに乗れずに戻ってきてしまうことが続いています。最近は，頭痛・腹痛もよく訴えるのですが，学校を休めると決まった途端に元気になるので，つい「仮病かもしれない」と思い，感情的になってしまいます。ただ，ひどいときには過呼吸を起こすこともあり，ただのわがままでは片づけられないものも感じています。子どもの心の中はどうなっているのでしょうか。

こうしてみました

　さぼりや甘えじゃないのか，私が子どもに振り回されているだけではないのか，いつまで続くのかと，不安と怒りが頭の中に渦巻き，「どうして行かないの？」「何かあったの？」と，問い詰めることが続きました。最後には互いに感情的になり，「うるさいな」「放っといて」などと大声を出し，部屋を追い出されることもありました。いま考えれば，本人も理由はうまく説明できなかったのかもしれません。

　これ以上は娘の気持ちを追い詰めてしまうのではないかと考え，「とりあえず1週間休みなさい」と，思い切って学校にも連絡をしました。1週間あれば気持ちの整理ができるかもしれませんし，だめでも，一緒に過ごしているうちに，娘の気持ちや学校に行きたがらない理由がなんとなくわかるかもしれません。

　初めのうちは疲れた様子で表情にも乏しかったのですが，休むと決めて親子でのんびり過ごすうちに，娘の顔が穏やかになり，少しずつですが自分から学校での出来事を話してくれるようになりました。

解説とアドバイス

●学校に行けない子どもの心理

　子どもが学校に行きたがらず，頭痛や腹痛などの症状を訴えることがよくあります。しかし，学校を休むと症状が消えてしまうので，一見するとさぼりやずる休みに見えてしまい，親は頭を悩ませます。

　このとき，実はいちばん苦しいのは本人です。学校に行かなくちゃと思うと，体が拒否して行かれない状態になります。かといって，家にいると「家族はどう思っているのかな」と気になります。それで，気持ちがしだいに追い詰められていきます。「何も言わないから休みなさい」と言ってもらえると，お子さんはほんとうにほっとすることと思います。

　思春期というのは，過剰なくらい人目が気になる時期です。ほかの子より失敗が多かったり，それを指摘されることが多かったりすると，それだけで強いプレッシャーになっていきます。また，プライドが高く，たった1回の失敗や友達の裏切りが許せないという子どももいます。こうして，その子にとってつらい出来事や困りごとが飽和状態に達してしまうと，学校に行くことが強いストレスになり，あるとき突然学校に行けない，ということになってしまいます。先生と相談しながら，まずは心身をゆっくりと休めることを考えてあげましょう。

●家での過ごし方

　このとき，学校を休んでいるからといって，家であまり深刻になりすぎると，親も子どもも参ってしまいます。なんとかしなければと，つい子どもにフォーカスした生活を送りがちですが，愛情をもって見守りながらも，淡々と家庭生活を回していくことが大切だと思います。

　休みが長くなるようであれば，生活リズムが崩れないようにすることを大切にしましょう。1日の過ごし方（とくに寝る時間と起きる時間）を話し合ったり，家族の一員としての役割を与えたり，自宅学習に取り組ませたりするとよいでしょう。家族からほめられたり「ありがとう」と言ってもらったりすることも，自信を回復するためのエネルギーになりますので，お手伝いをさせるのも効果的です。自分にもやるべきこと，できることがあると，学校

に行けない後ろめたさや葛藤が和らぎ，心の安定につながります。

●引きこもりにしないために

不登校，イコール引きこもりではありません。子どもが学校へ行けない時期に，あるお母さんが気をつけていた7箇条を紹介します。

①学校に行くように言わない（子どもを追い詰めない）。
②学校との話し合いの場をもつ（行ける環境づくり）。
③好きな活動は続けさせる。
④十分に休んだら（顔が元気そうになってきたら），いつから学校に行くかを本人に聞いてみる。
⑤生活リズムを崩さない。できるだけ自宅学習にも取り組ませる。
⑥家庭での役割などを与える。
⑦親が生活を楽しんでいる姿を見せる。

●エネルギーの回復につながることは積極的に

学校を休んでいるのに，子どもを好きなことに出かけさせてよいものか，多くの方が迷うところだと思います。それでも，子どもが出かけられる場合には，習い事・サークル・塾などを続けるのもよいと思います。学校に行けなくても社会とつながっている，居場所があると感じられると，辛さが和らいだり，気分転換になったりするからです。

学校と相談して，できそうな活動だけ参加してみるというのも1つの方法です。初めは部活にだけ参加して，翌年から学校へ通えるようになったお子さんの例もあります。このとき，気をつけておきたいのは，授業をさぼって好きなことだけやっているなどと周囲に言われないようにすることです。学校や先生によくお願いしておくことも大切だと思います。

また，学校を休んでいる間は，お子さんだけでなく，親にもかなりのストレスがかかります。精神的にも不安定になりがちです。自分も生活を楽しみ，上手に気分転換することを大切にしてください。そのほうが，子どもを追い詰めすぎず，適度な距離を保てると思います。

自治体などで情報交換できる場所があれば，それを積極的に活用するのもいいと思います。親子が相談できる場所や仲間を探し，支援を求め，社会からの孤立や隔絶を避けるようにしましょう。

●リズムを崩さない

　そして，学校を休んでいる間の生活リズムをいかにキープするかということは，とても大切です。一度生活が乱れてしまうと，戻すのはとても大変だからです。また，学校へ行けるようになっても，生活リズムが崩れていると，学校生活をこなすのがきつくなります。

　また，勉強が大きく遅れてしまうと，授業についていけなくなり，学校に行くのがつらくなります。家庭学習をして，学校に行っているときと同じような日課で過ごせると理想的だと思います。

●きっかけがあるなら解決する

　最後に，学校に行きたくても行かれない状況がある場合，それを改善してあげないと，登校してもまた同じ状態に戻ってしまいます。学校と情報を共有し，必要に応じて，担任だけでなく，養護教諭・特別支援コーディネーター・スクールカウンセラーなどにも協力してもらって，子どもが学校に行ける環境づくりを話し合っていけるとよいでしょう。

　学校に戻るタイミングは，長い休み明けなどにすることが多いようですが，あくまでも本人に決めさせることが大切です。学校の環境も，登校時までに整っているのが望ましいですが，冷やかしやいじめがないかぎりは，意外とすんなりいくことも多いようです。

6 スマホのルールはスマートに！
―ＩＴ時代のさまざまな問題―

> 高校1年生の息子が，スマートフォンを欲しがっています。理由を聞くと，『クラスの全員が持っている』『友達と連絡が自由にとれないから』などと言います。携帯電話は以前から持たせていますが，スマートフォンに変えると，基本料金も高額になりますし，ゲームやアプリの課金なども心配です。またSNSやゲームなどをずっとしていて，片時もスマートフォンを手放せないお子さんの話も耳にします。持たせてもいいものか，その場合はどのように約束をしたらよいのか困っています。

こうしてみました

　とても悩みましたが，いつかはどうせ持つことになるので，本人とこの機会にルールをよく話し合ったうえで持たせることに決めました。

　まず初めに，'歩きスマホ'や'食事スマホ'などの「ながらスマホ」の禁止を決めました。ルールを決めてからは，私たち家族も「ながらスマホ」はやめることにし，必ずそれを守るようにしました。

　また，1ヶ月に使える金額を「〇〇円」までと具体的に決め，基本料金以外は本人がお小遣いから出すことにしました。これからは毎月請求書がくるたびに，一緒に確認していこうと思います。ルールが守れないときには，取り上げるなどの厳しい対応をとることも予告しました。

　友達とのチャット（LINEなど）や知らない人からのメール，深夜の使用についても，子どもと一緒に，よい方法を具体的に考えたり，話し合ったりしました。気になることに対しては，周りの人の危険な経験談なども聞きながら，時間をかけて，家族で考えるようにしています。

（思春期の親子バトル編）

解説とアドバイス

●**スマホは持たせるべきか**

　スマートフォンは，相手や自分の居場所がすぐにわかる，だれにでも簡単に文書が送れる，面と向かって言えない素直な気持ちが伝えやすいなど，多くの人にとってすばらしく便利なツールです。近年はタブレットなどが，教育教材として学校現場にも導入されてきています。

　しかし，便利であると同時に，多くの危険や心配も伴います。お子さんのスマートフォン依存や友達とのトラブルに不安を感じる親御さんも多く，「きっとゲームにはまってしまうから」と，スマートフォンは買い与えないという方針のご家庭もあります。

　でも，家を一歩出れば，多くの人が使っているのが現状です。家では禁止されている子どもが，嫌がる友人のスマートフォンを長時間使ってしまってトラブルになったというケースも多くあります。今後はスマートフォンを持つにしても持たないにしても，上手なつき合い方を考えておくことが必要だといえそうです。

●**ルールで大切なこと**

　家庭でルールを決めるときは，わかりやすく３つ程度に留めておくのがいいと思います。心配だからといって，初めからたくさんのルールをつくっても，どうしても守りきれないものが出てきます。ですから，とりあえず３つ。３つが守れたら１つを消し，その１つを新しいものに変えていくという方法がお勧めです。ルールは必ず《守れるもの》にすることが大事なコツです。

　ある家庭では，友達の悪口は書かない，必要な場合はメールやチャットの内容を親が読む，パスワードは親が管理するなどのルールを徹底しています。アメリカのお母さんが息子にスマートフォンを与えるときに交わした「スマホ18の約束」（日本テレビなどで紹介）なども，とても参考になります。

　また，大人として気をつけたいのは，①初めに話し合って決めた条件やルールなどを大人の都合だけで勝手に変更しない，②子どもに提示したルールは大人も守る，ということです。

　例えば大人のみなさんは，電車の中で使用ルールは守っていますか？　ス

マートフォンを操作しながら，家族と会話をしていませんか？　子どもは，大人の行動，それも家族の行動をいちばん近くで見ています。これまでの使い方も，きっと見てきたことでしょう。

　もしいままでの自分の使い方が，お子さんと決めたルールに沿っていなかった場合は，「いつからでも変われる」「変えないといけないこともある」という姿勢を，身をもって見せるチャンスだと考えてください。

　電話がかかってきて食事を中座したり，画面を隠したりするなどの行動も，よいモデルとはいえません。緊急時以外は『またあとで』『いまは時間外』などと，大人もはっきりとした態度や線引きで使うと，子どもにとってのよいモデルとなります。周囲の大人の行動が統一化されていると，子どもも行動をまねしやすくなります。

●**時間の使い方を見直す機会に**

　使う場所や金額と同様に，使用時間もとても重要なルールです。

　スマートフォンを手放せなくなる原因の1つに，自分の時間を上手に使えず，すぐにゲームやスマートフォンなどを手にしてしまうという悪循環が考えられます。何もすることがない状況やさみしさを何かで埋めようとして，さらにゲームを続けてしまう……。でも，いくらゲームをしても，子どもたちの心は満ち足りてはいないようです。

　そこで，これを機会に1日の予定を見直し，食事・習い事・塾などの時間を明確にして，その時間はスマホの電源を切ることにしたり，使用してもよい時間を具体的に決めたりする，などが必要でしょう。携帯会社によっては，アクセスフィルタをかけたり，利用時間を制限できる機能もあります。お子さんとルールを決めたうえで，そのような機能を利用するのもよいでしょう。

　また時折は，お子さんの熱中しているゲームに大人が関心を示すことも，スマートフォンづけになることを防ぐ方法だと思います。例えばカーレースのゲームが好きなお子さんとは，サーキットへ行って一緒にゴーカートに乗ってみてはどうでしょうか。『ゲーム以上に本物のほうがおもしろい！』と思える経験も子どもの世界を広げることにつながります。

　また，ゲームのあまり得意でない子どもほど，過度に課金してしまいがちな傾向があります。定期的に料金や使い方の確認をしていくことは欠かせな

いでしょう。

　繰り返しになりますが，頭ごなしに拒否や否定をするよりも，上手につき合っていくためのルールを決めたうえで，互いにルールを守るという関係を築けることが大切です。

Column

スマホ依存にならないために

　1日中スマホやゲームなどから離れられないお子さんが，『眠れない・イライラする』など，精神的に不安定な状況になる場合があります。反対に，『眠れない・イライラする』ために，ずっとゲームをしてしまうという場合もあります。ゲームやスマートフォン，パソコンなどをあまりに長時間続けると，いろいろなトラブルが出てきます。

　もしお子さんがいつもと違う精神状態にあるのだとしたら，早めに気づいてあげたいものです。心配な状況があって，医療機関につなげることが必要だと思う場合には，目の充血や腱鞘（けんしょう）炎の疑いなどをきっかけに受診するとよいと思います。身体的症状なら，本人にもわかりやすく，受診への抵抗が少ないと思われるからです。

　通院を身近なものととらえ，早い段階で気軽に医療機関や相談機関とつながることができると，精神的不安を軽減するための大きな一歩となります。また，ご家族だけで悩むことがなくなります。

7 さがしものはなんですか？
―自分にできること，得意なこと―

> 中学校3年生の女の子です。小さいころから水泳教室に通い，中学に入ったころからは，本人の希望でシンクロナイズドスイミングも始めました。
> 　初めは順調でよかったのですが，難易度が上がりだしたころから「できない！」「やめたい」と大騒ぎを始めました。その反面，少しでも周囲より得意だったり，コーチからほめられたりしたことについては，「だれよりも上手にならなくては」と思い詰めているように感じます。気持ちのムラが大きく，「自分は何をやってもできないことが多い，これからどうやって生きていくのだろう」と，自分に自信をなくしているようです。

こうしてみました

　これまでほんとうに楽しく続けてきた水泳だったので，やめたいと言われて私も動揺が激しく，イラつきを増すような言葉をつい投げかけてしまいました。また，「大丈夫よ，この前はきちんとできたじゃない」と，本人の意思を無視して，続けるように押しつけてしまったように思います。もっとプールに見学に行ったり，一緒に習っているお友達の話を聞いたりしてから，判断すればよかったと思います。

　いまはコーチにお願いして，励ましの言葉をかけてもらうようにしています。それからは，娘も気持ちを落ち着かせて取り組めているようです。また，周りと自分を比べて落ち込んでしまったようなときも，水泳のコーチや先輩など，気の許せる人たちと話すことで，みんなも自分と同じように不安な気持ちになるということを知り，少しは落ち込むことが減ってきたように感じます。

解説とアドバイス

●習い事は「自分さがし」の原点

　気分の変動が激しい娘さんにとって，水泳という自分にぴったりの習い事をみつけ，心を許せるコーチや仲間と出会えたことは，とても大きな意味をもつことだったと思います。

　落ち着きにくいお子さんが，水に触れることで気持ちが落ち着くということは多くみられます。日常的な場面では，手洗いなども効果的です。

　自分に合った習い事をみつけるには，何をするかということのほかに，先生との相性や周囲の状況（お友達や物理的な環境）が大きく関係します。お子さんでは判断のむずかしいところなので，周囲の大人がよく観察し，感じ取ってあげるとよいでしょう。また，習い始めのころは家でもよくほめてあげるのですが，しばらくすると教室や先生任せになりがちです。がんばっている様子や続けてきた過程に，声をかけて認めてあげましょう。

　「イライラする」「やめたい」などと言うこともよくありますが，一時的な感情で発せられることが多いので，できるだけ淡々と聞くようにします。子どもが，自分なりのこだわりや思い込みで苦しんでいるときは，別の考え方やとらえ方を示してあげると，気持ちが楽になったり先に進む手助けになったりします。ただし，それが一時的なものではなく，ストレスがとても強いと感じたならば，習い事をやめさせる，他のものに切り替えさせるなどの勇気も必要です。ただ続けることや苦手の克服だけを目的にすると，とても辛くなってしまいます。習い事は，「楽しさ」や「心地よさ」を味わう機会ととらえたいですね。

●「自分さがし」とは

　中学生や高校生になると，部活や習い事，趣味など，子どもたちは自分の好きなことに没頭します。これは，学校の勉強以外の部分で，少しでも自分の得意なことや好きなことを増やしたい，みつけたいという気持ちが芽生え始めたからだと考えられます。そう，これが「自分さがし」の始まりです。

　多くの場合，「自分さがし」が始まるのは，思春期が始まる少し前（体の変化がみられるようになったころ）です。周囲の状況が以前よりよく見える

ようになり，自分と他者を比較し始めます。
　「自分さがし」は手探りの状態なので，とても心細くて不安です。ですから，周囲の大人との関係性が，とても重要になります。お子さんの気持ちや行動が理解できないこともよくあると思いますが，少しでもわかってあげようとする気持ちで，見守ってあげるようにしてください。お子さんにとって，自分にとっての理解者という存在があり続けることは，大きなカギとなります。

● 「できること」を探す
　自分さがしの過程では，自分の短所などマイナス面の理解が進んでいきますが，それと同時に，自分の得意な部分を理解していくことが大切です。
　ところが，自分ひとりで考えていると，苦手な部分ばかりにどんどん目が向いてしまいます。そこで，大人が働きかけて，その子の得意な部分を具体的に伝えてあげることが必要になってきます。また反対に，本人にとってよいことがあり，うれしい気持ちの変化があった場合にも，周囲の大人がそれを客観的にとらえて，具体的な言葉にしてあげるとよいでしょう。意外なことに，本人にはうまく意識できていないことがあるからです。
　人と比べて落ち込んだり傷ついたりすることがあっても，「自分を少しわかった気がする」「理解できてよかった」と思える部分があると，その気持ちを後々まで引きずることは少なくてすみます。将来に向けても，よい方向へつなげていけるのではないかと思います。

● 不安を上手に乗り越える
　さらに自分さがしが進んでいくと，自分が周囲の人と違っているところや，周囲の人たちが自分とは違ったルールの中で行動していることに，気づき始めることがあります。そして，それに反発を感じたり，周りの人と同じようにうまく行動できない自分をもどかしく感じて，自己否定をしようとしたりすることもあるでしょう。
　このとき，「できない」ということが許せずに，イライラしてやる気をなくすお子さんもいれば，逆に，できること・得意なことで「一番にならなければいけない」とこだわりをもつ子どももいます。
　学校生活や友人関係では，つまずきが増えてイライラを感じる時期でもあります。習い事や家庭でのお手伝いを通して，「自分には何ができるのか」「得

意なことは何か」という不安を，得意につながるようにサポートしていけるとよいでしょう。

8

がんばってしまうから苦しい
―《高い目標》とのギャップ―

> 高校1年生の男子です。技術者である父の仕事を目標にして，数学が苦手な自分をなんとかしたいとずっと苦しんでいます。
>
> 昔から算数は苦手で，小学校高学年のころに計算の仕方でつまずき，不登校気味になりました。高校生になったいまも，「このままでは理系の大学に行けない」と，悲壮な表情で問題集に取り組んでいます。でも，ぼんやりしたり頭をかきむしったりの繰り返しで成績は上がらず，どんどんやる気をなくしています。本人はあくまで「理科系の科目が好き，国語はいやだ」と言うので，文系への転向を進めるわけにもいきません。

こうしてみました

　通っていた中高一貫校では，勉強についていくのが厳しくなっていたこともあり，思い切って単位制高校への転校を選びました。結果としてこれが成功で，本人も少しずつ自信を回復することができました。

　転校先は単位取得のためのていねいなサポートがあり，通常の成績が取りやすくなりました。大学受験は理系しか考えておらず，それも一般入試しか頭になかったために，初めはハラハラしましたが，周りの生徒の多くが推薦入試やAO入試で進学することを知ってからは，先生方のご指導もあり「何が何でも一般入試」という考えが変化してきました。

　父親の勧める大学があったのですが，「入学できても，ついていくのが大変そうだ」「自分に合ったペースでやって，ちゃんと成績を取ったほうが就活だってやりやすい」と本人が言うようになり，二人で父親を説得して，別の大学に推薦で合格しました。合格が決まったとたんに，イライラして攻撃的だった息子に笑顔が戻り，優しくなりました。

解説とアドバイス

　親の姿を見て「大学に行かなくては意味がない」と思い込む子，レスキュー隊が好きで「消防士になる」としか考えない子，ドラマやマンガの影響で「ピアニストになる」「声優になる」と言う子がいます。ステレオタイプの成功例はわかりやすく，未来を思い描くのがむずかしい子どもほど，「将来＝○○」となってしまいがちです。

　この場合，客観的にみて実現がむずかしいと思われても，本人への説得は困難をきわめます。狭いイメージにとらわれて，本人も抜け出せなくなっているからです。ご家族としては，いきなり否定するのでなく，かといって目標に突き進ませるのでもなく，その子がうまくできていることを適切に評価することで，もっと『自分ができること』に目を向けさせ，理想の目標へのこだわりから解き放っていくことができればベストでしょう。

　高校選びでは，事例のように単位制高校ならうまくいくというわけではありません。学級がない単位制高校は，集団行動が苦手な子向けだと思われがちですが，《多くの教科を自分で選択して組み立てる必要がある》《グループ研究がある》《プレゼンの時間が多い》などの特徴をもつ学校もあります。また，《自分の居場所がわからず不安になる》など，かえって苦手な場面が多くなることもあります。学校の形態が本人にとって大丈夫かどうかをしっかり確認しましょう。

　選択のポイントは，生徒を理解してサポートしてくれる学校か，自分と同じような仲間が多くいるかどうかです。どうしたら学校で楽に過ごせるのか，同級生や先輩をモデルとして実際の動きを見られると役に立ちます。時代的なことも含めて，本人にとっていちばんよい選択を考えてください。

　少しずつではありますが，多様な生徒や学生への理解と支援が，高校や大学でも進んできています。教育相談室などで，スクールカウンセラーがよい相談相手になってくれることも多くなりました。学校によって，また先生による違いも残念ながらありますが，親御さん同士のネットワークから得る生の情報は，インターネットの情報より正しいだろうと思います。入試などの情報は刻々と変化しますので，最新情報をもとに考えましょう。

9 大学入学を控えて親子で不安に
―大学という環境の変化―

> アニメーターにあこがれる息子は，夢と希望をいっぱいに，私立大学を受験して合格しました。キャンパスまではちょっと遠いのですが，一人暮らしをさせるのは心配なので，自宅から通わせる予定です。でも，大学という新しい環境に適応していけるのだろうかと，いまから不安でいっぱいです。
>
> 息子は周りから理解されにくいところがあり，これまでも，中学高校と新しい環境に進むたびに，友達と仲よくできるのだろうか，先生はこの子を理解してくれるのだろうかと，ビクビクしてきました。
>
> いやいや，そもそも大学はそんな世界ですらないのかもしれません。クラスもない，教室もない，給食もない，保健室もない……。彼はそれを乗り越えていけるのでしょうか。心配の種がつきません。

こうしてみました

　大学での過ごし方について息子と話してみたのですが，彼もあまり具体的なイメージはもてない様子で，高校生活の延長くらいに考えているようでした。それで，ますます心配になり，私なりにいろいろとインターネットで情報収集をしてみました。

　たどり着いたのは「独立行政法人　日本学生支援機構」というサイトです。「障害学生修学支援のためのFAQ」というページなのですが，履修計画が立てられない，卒論のテーマが決められないなど，うちの子にもあてはまりそうな困りごとや，あると安心できるサポートがたくさん書かれていました。

　入学後の生活がまったく想像できなかった私や息子にとって，どんなことに困る可能性があるのかがわかるだけでも，とても助かりました。また，多岐にわたる支援が用意されていることを知り，安心することができました。

(思春期の親子バトル編)

解説とアドバイス

　学生支援機構が発行する「教職員のための障害学生修学支援ガイド」には，学生が困りやすい内容と支援内容が場面別に一覧表になっています（P78）。これは発達障害のある学生を対象にしたものですが，大学で教えている筆者の体験からいっても，これらは学生ならだれでも困る可能性のある内容です。

　大学生活がスタートした後，もしこのようなことで本人が困っている場合は，「学生相談室」へ相談に行くことをまずお勧めします。

　本人は困っていないけれど，ご家族から見てどうもうまくいっていないという場合は，本人と相談のうえ，保護者が一緒に相談室へ行くこともできます。もしどうしても本人が行くのを拒否するようであれば，仕方ないので，保護者の方だけで相談に行かれるとよいでしょう。

　一人一人のニーズに合わせた支援が本格的に始まったのは，ごく最近のことで，相談窓口の対応の程度や，どのような配慮が受けられるかは，大学によって大きな差があるのが現状です。サイトに書かれているようなすべての配慮が受けられるということではありませんが，悩みを聞いてもらったり，同じようなことで困っている学生がどうしたかという例を聞いたりできるだけでも，ぐっと楽になると思います。

＜WEBサイト＞
「教職員のための障害学生修学支援ガイド」
http://www.jasso.go.jp/tokubetsu_shien/guide/top.html
「障害学生修学支援ネットワーク」
http://www.jasso.go.jp/tokubetsu_shien/shien_network/nw.html
「障害学生支援についての教職員研修プログラム」
http://www.jasso.go.jp/tokubetsu_shien/kentouiinkai.html
「聴覚障害学生支援技術講習用教材ノートテイク等」
http://www.jasso.go.jp/tokubetsu_shien/chokakutool.html

大学生への支援の例

支援が必要な場面		どのような困難があるか	どのような支援が必要か
Ⅰ 入学	1 入学試験	集団の中で試験が受けられない	別室の設定
		答えを口に出してしまう	
		落ち着いて受験できない。もしくは，教室を頻繁に出入りする可能性がある。	座席の優先指定（出入り口の近いところに指定，トイレに近い試験室で受験など）
		文字を読むのが困難である	試験時間の延長（1.3倍）
			拡大文字問題冊子の配付
		文字を書くのが困難である	試験時間の延長
		マークシートをうまく塗りつぶせない	チェック解答
		聞いて理解することに困難がある	注意事項等の文書による伝達
			試験時間の延長（リスニング）
		バスや電車を利用できない	試験場への乗用車での入構
	2 入学	支援受付窓口がわからない	相談窓口設置
		どのような支援を受けられるのかわからない	オリエンテーションや文書での通知
Ⅱ 学習支援	1 履修登録	履修計画が立てられない	履修登録補助
		授業の内容，形式，評価方法（試験かレポートか）などの情報が明らかでない場合，自分に適した授業が選択できない	詳細なシラバスを作成
		希望する授業が履修制限で取れない	優先履修登録の検討
	2 授業（講義・演習）・3 授業（実験・実習）	文字を読むのが困難である	読み上げソフトの紹介
			資料の電子データ提供
		文字を書くのが困難である	パソコンの持込許可
			ノートテイク
		話を聞きながらノートを取るのが困難である	講義内容の録音許可
			詳しい配付資料の準備
			ノートテイク
		決まった席でないと座れない	座席配慮
		（演習など）自分の意見が言えない（または言いすぎる）	議論のルールを決める
		（演習など）質問に答えられない	具体的な質問をする
		（卒論など）テーマを決められない	担当教員による綿密な面談
		授業に遅刻してしまう	時間管理スキル指導
		急な変更に対応できない	事前に個別伝達
		対人関係に問題が生じる	周囲の理解と本人への助言
			心理カウンセリング
		集合場所・時間を間違える	自己管理スキル指導
			注意事項等文書伝達・注意喚起
		手順を理解できない	わかりやすい手順説明資料を配付
			ティーチングアシスタントをつける
		注意力の問題がある	注意事項チェックリストを作成配付
			グループメンバーに協力を依頼する
			ティーチングアシスタントをつける

（思春期の親子バトル編）

4 評価		細かい作業が苦手である	グループメンバーに協力を依頼する ティーチングアシスタントをつける
		文字を読むのが困難である	試験をレポートに代替する
		文字を書くのが困難である	口頭試問などへの解答手段変更
			パソコン筆記での解答
		試験日時・会場・レポート提出日を間違える，指示を聞き違える（聞き逃す）	自己管理スキル指導
			個別注意喚起・伝達
		期限までにレポートを提出できない	提出期限の延長
			時間管理スキル指導
		（試験で）集中を持続するのが困難である	別室受験
Ⅲ 学生生活支援		自分に必要な支援を説明できない	支援要請スキル指導
		自分の障害を理解できない	自己理解促進指導
		対人関係に問題が生じる	周囲の理解と本人への助言 心理カウンセリング
		集団活動（サークル，下宿など）に問題が生じる	
		連絡がとれなくなってしまう，引きこもってしまう	
		学内で食事が取れない	居場所の提供
		安心してキャンパスにいることがむずかしい	刺激の少ない安心していられる場を作る，一緒に探す
		一人暮らしが困難である（ゴミ出しや健康管理等）	社会的スキル指導
		カルト宗教，詐欺被害に遭いやすい	
		電車に乗れない	自動車通学許可・駐車場確保
Ⅳ 就職支援		履歴書が書けない	就職ワークショップ等の紹介
			個別に履歴書の書き方を指導する
		職業の適性がわからない	職業評価・ジョブマッチング・学内資源（図書館等）やアルバイトなどを利用した就業体験
		就職が決まらない	地域の障害者職業センター，障害者就業・生活支援センター，ハローワーク等外部リソースとの連携
			学内コーディネーター（心理カウンセラー）とキャリアカウンセラーの連携
			障害者手帳の取得指導，障害者法定雇用枠の使用指導
		使える社会的資源を知らない	地域の障害者職業センター，障害者就業・生活支援センター，ハローワーク等外部リソース情報の提供
Ⅴ 災害時の支援		落ち着いて行動できない	安心感を与える，見通しがもてるように説明する，社会的スキル指導
		所在，安否等が確認できない	体制の構築，日頃からの手順の確認
		ストレスによってこだわりやパニックが強くなる	心理面接，見通しがもてるように説明する
		大学からの情報を入手しにくい	個別の情報伝達が必要
		所定の避難所を利用できない	利用可能な避難所を紹介する

【引用】独立行政法人日本学生支援機構「教職員のための障害学生修学支援ガイド（平成23年度改訂版）」P178-179より

Column

地域若者サポートステーションとは？

　地域若者サポートステーション（愛称：「サポステ」）では，働くことに悩みを抱えている15歳〜39歳までの若者に対し，キャリア・コンサルタントなどによる専門的な相談，コミュニケーション訓練などによるステップアップ，協力企業への就労体験などにより，就労に向けた支援を行っています。

　サポステでは，以下のさまざまなサービスを行っており，その多くを無料で受けることができます。

　○臨床心理士等による心理カウンセリングや，実費を必要とするプログラムなど（一部のサービスについては有料の場合があります）
　○キャリア・コンサルタントなどによる職業的自立に向けた専門的相談
　○各種セミナーを通じた啓発，他の若者支援機関への誘導
　○合宿形式を含む生活面等のサポートと職場実習の訓練の集中的実施

　サポステ設置地域では，国と地方自治体とが一体となって，若者支援機関により構成されるネットワークを構築しています。サポステは，これらのネットワークの拠点として機能しています。

　＜サポステのネットワーク＞
　・就労支援機関（ハローワーク，ジョブカフェなど）
　・教育機関（高校，教育委員会など）
　・保健・福祉機関（発達障碍者支援センター，精神保健福祉センター，福祉事務所など）
　・行政機関（地方自治体の若者自立支援担当部署など）
　・地域社会（自治会，町内会など）
　・ニート等の若者の支援を実施しているＮＰＯ法人　等

【引用】文部科学省http://www.mhlw.go.jp/bunya/nouryoku/ys-station/

第**4**章

社会生活
どうしよう編

① どんな仕事が向いているの？
―職業体験とアルバイト―

　18歳になる息子は，就職活動の最中です。でも，いったいどんな仕事ならやっていけるのかが，わかりません。
　アルバイトでは，店長から「作業が遅い」と言われたり，同僚が自分とだけ話してくれなかったりして，落ち込んで辞めてしまった経験があります。本人は自分で職業適性検査を受けてきて，「保育士か先生が向いているんだって」と言いながらも，ＩＴ関係の仕事がしたいそうです。「ちゃんと就職しないとダメだ」と言う父親に対して，このごろは「自分はどうせ人としてダメなんだ」とふさぎ込むこともあり，とても心配です。

こうしてみました

　本人は職業適性検査の結果をじっと眺めてまじめに考え込んでいましたが，自分の長所と短所を言葉で言えるようになっても，具体的な行動が変化するわけではなく，採用には結びつきません。教職課程をとっていないので，保育士や教師になるための免許が取れる予定もありません。母親である私は事務職が無難でよいのではないかと思うのですが，どの部署に配属されるかまでは入社してみるまでわからないそうです。

　どうしていいかわからず，働くことに悩みを抱えた若者対象のサービスがあると伝えたところ，本人が行ってみることにしました。そのサポートステーション（P80参照）で，就労支援センターの方に紹介され，民間の支援機関で模擬会社の仕事を体験させてもらうことができました。また担当スタッフの人から，具体的な業務に関する評価を受けることができました。それを聞いて息子も，やっと自分の得意不得意を実感したようです。その後，勧めていただいた会社に応募して，ようやく就職が決まりました。

(社会生活どうしよう編)

解説とアドバイス

　「どんな仕事が向いていますか」という質問を受けるのですが，適性検査やチェックシートだけで，本人に合う職業がわかるわけではありません。

　また，いろいろな仕事を実際にしてみれば適性がわかるというのも，すべて正しいとはいえません。アルバイトやインターンシップで失敗体験が積み重なり，かえって就職に不安をもってしまうケースもあるからです。いっぽうで，職場見学や職場体験が，実際の仕事の様子を知るのに有効なこともありますが，イメージを広げる力が弱いお子さんの場合には，その日・その時，偶然目にしたことをもとに自分なりに理解してしまい，就職した後で，自分の理解とは異なる現実が受け入れられずに苦しむ場合もあります。アルバイトや職場体験を生かすには，保護者・長年の支援者・相談相手などが適切なアドバイスを加えながら，情報を正しく伝える工夫が大切でしょう。

　仕事でも何でも，年齢と発達に添って日常生活でできることを積み重ね，生活力をつけていくことが基礎の力として大切です。早くから特定の職業を無理に意識させるよりも，時期がきたときに，積み重ねた力がどれだけあるかを確認したうえで，子どもにとってどのような職場が適切かを考えていくのが現実的だと思います。

　どうしても早くから何かしたいということでしたら，親のネットワークや支援機関の力を借りて，幅広く情報を集めてもよいでしょう。ただし，集めた情報を，なにもかも本人に伝えると混乱してしまいます。一度間違った理解をしてしまうと，本人の考え方が堅くなり，「○○だからダメ」「××でないといやだ」などとらわれてしまうこともあるので，言いたくても，ほんとうに必要なときまでグッとこらえて黙っていることをおすすめします。

　仕事を長く続けていくためには，「どんな職種か」よりも「職場に理解者がいるか」が大切であり，スキルの有無以上に「素直に指示に従うことができるか」が大切だと，先輩のお母さん方や企業の方たちも言われています。継続して働くこと＝職場定着こそが安定した生活を支えます。必要だと思われる場合には，専門機関の力も借りながら，本人のことをわかってくれる職場環境づくりの応援を続けてください。

Column

就職までの道

　本書で取り上げてきた個性豊かなお子さんたちが，就職までに通った道にはさまざまなものがあります。3人の青年の選んだ道からみてみましょう（事例はプライバシーが守られるように脚色してあります）。

●Aさん
　Aさんは専門学校（2年制）に在学中，課題やレポートに追われるなかで就活を始めました。でも，複数のことに同時に取り組むのが苦手で，学校も就活もアルバイトもうまくいかなくなり，たいへんつらくなりました。そこで，まずは『卒業のための単位取得』をめざし，就活は卒業後に回すことにしました。アルバイトも，小遣いを少しでも確保できればよいと考え，短期の単純な仕分け作業に変えました。こうして無事に専門学校を卒業した後は，若者サポートステーション（P80参照）や，就労支援センターやハローワークの支援を受けて，6カ月後に就職しました。

●Bさん
　Bさんは大学を出て新卒で就職しましたが，職場では仕事も人間関係もうまくいかず，鬱の症状があらわれて1年ちょっとで退職しました。退職前に職場のカウンセラーのすすめで心理検査を受け，病院を紹介されました。そこで医師から『アスペルガー障害（※1）・抑うつ神経症』との診断を受けました。
　その後は自分のペースに合った仕事をしたいと考え，福祉手帳（※2）を取得し，発達障害者支援センターや障害者就労支援センターの支援を受けながら，民間の支援機関ともつながり，職をみつけました。いまの職場でもトラブルがないわけではありませんが，ジョブコーチ（P89参照）と連絡を取りつつ，どうすれば仕事を続けやすいかを上司や同僚と話し合っています。休憩時間にはひとりで居られるよう配慮してもらっています。

※1：アスペルガー障害については医師により診断名が違う場合がある。定義や解釈や診断基準が変化している分野である。
※2：正式には精神障害者保健福祉手帳という。近年，発達障害の特徴がある人の申請が多くなった。

●Cさん
　Cさんは家族・親族のあたたかい豊かな環境のなかで育ち，中学では不登

(社会生活どうしよう編)

校も経験しましたが，それも乗り越え，高校時代はボランティア活動で地域の方に愛され頼りにされました。15歳のときに，軽度な知的遅れがあることを指摘されました。本人の夢は警察官でしたが，それはむずかしいと保護者が判断し，ボランティア活動で評価してもらう機会を増やしながら，高校からの推薦を受けて福祉関係の仕事に一般就労（※3）しました。書類の作成が苦手なことはあらかじめ自分から上司に伝え，よき上司のよき理解のもとで仕事をしています。今後の不安材料は上司や同僚の異動ですが，心の準備を忘れないようにしています。

※3：障害がある人としての福祉就労ではなく，一般の受験で就労する。

　仕事探しを手伝ってくれる機関については，インターネットで各都道府県の『就労支援』で検索するとさまざまな形で情報が出てきます。地域就労支援（援助）センター・若者就職支援センター・ハローワーク・地域若者サポートステーションなどのほか，発達障害支援センターや障害者職業センター・障害者就労相談センターなどもあります。情報の多さで混乱しないように整理して利用しましょう。

　民間でも，ここ数年に幾つもの機関が設立され，その中には力のある機関もあります。本人への支援だけでなく，企業へのジョブコーチの派遣や，『雇用のポイント』などについて研修会を開いたり企業への直接支援をしたりしているところもあります。

　インターネットなどでも情報がみつかりますが，できれば初めは公的な相談機関とつながり，そこで情報を得ながら民間機関とつながれると，連携しての支援が受けやすいと思います。

　また，Bさんのように福祉制度を利用して就職するという選択肢もあり，その場合には，①身体障害者手帳，②療育手帳，③精神障害者保健福祉手帳のいずれかを取得します。必要と思われる場合には役所の福祉課で相談することができます。

２ 挑戦はいつまで続く？
―自分に失望させない―

> きまじめな性格の娘は，大学卒業までに内定が得られなかったことを，「対人関係が苦手だから就活に失敗した」「ぜったいに克服しなければ」と思いつめ，ハローワークで営業職をみつけてきては挑戦を始めました。
> しかし，必死に仕事をするものの，ある程度の期間がたつと，自分にばかり面倒な役割が回ってきたり，そのことで時間的・精神的に追い込まれたり，要領がよいばかりの同僚に腹を立てたりで，結局は続けていけなくなってしまいます。気持ちもどんどん不安定になっています。

こうしてみました

　いまは仕事に就かず，「このままでは社会に出られない」と，職業訓練を受けてがんばっていますが，とても辛そうで，家での会話もとげとげしくなるばかりです。訓練の中には，得意・不得意を修正するためのトレーニングが含まれているのですが，娘は特に自己アピールがとても苦痛なようです。また，グループワークにも熱心に取り組むのですが，「要領がいい人，自分のペースを押しつける人，何もやらない人，みんな嫌い！」と言って，うまく参加できません。力がつくというよりも，心が傷ついている感じがして，このままがんばらせてよいものかとても悩みました。
　そこで思い切って，「別の道を考えよう」と，訓練は終了しました。娘は「いやでやめるのは挫折すること」と気にしていましたが，数字に強い子でしたので，簿記検定に挑戦することを新しい目標にすることで切り替えができました。うまく級に合格したことで気持ちの整理がつき，挫折感が少しは和らいだように思います。あのまま苦手な分野を訓練しようとするよりは，力がついたように思います。

(社会生活どうしよう編)

解説とアドバイス

　まじめでがんばり屋の子どもが、《とても高い目標》に向かって努力を重ね、《現実》とのギャップによって《自分に失望》してしまうことがあります。

　以前に、自分の苦手さを克服した女性の成功例をテレビで放送していましたが、そういうのは、いわば特殊な例です。成功の陰には、とても緻密な計画を立てて挑戦したことや、集中して結果を出し達成感を味わうことが好きだったという本人の特性のほか、運のよさもありました。

　一般的には、高すぎる目標に挑み続けると、失敗を積み重ねることが多くなり、《途中でやめてしまった自分》に失望して、傷が深くなってしまいます。世のほとんどの人が大成していないという当たり前の現実を忘れ、無謀な挑戦を長引かせないようにしてあげてください。

　本人がこだわって続けようとしている場合もあると思います。そのときには、「そんなにやらなくてよい」「一度やめて疲れを取ったほうが動きやすくなる」「それから次を考えても大丈夫」と安心させながら、勇気をもって見切りをつけることを後押ししてあげるとよいでしょう。

　また、やめた後すぐに「何かをしなくては」と焦るのも本人にとって辛いことです。何にでもまじめに挑戦する人ほどエネルギーを消耗しています。『復活までの期間が必要だ』と、プレッシャーをかけないようにします。もし、信頼できる人から、同じような辛さを体験したときの話を聞けると、本人もずいぶん気が楽になり、復活が早くなっていくでしょう。そうして、安心して休息が取れたら、今度こそ無理のない目標を立て、「自分がほんとうに『やれる』と思えるもの」に取り組む生き方を、少しずつでよいので身につけていけるとよいでしょう。

　苦手でモチベーションの高まらないことを続けるのは、辛いだけで無駄な時間になってしまいます。高い目標を掲げてうまくいかない日々を過ごすよりも、一つ一つ、一歩一歩、着実に歩むほうが、確実に前に進むことができる——まず周囲の人々がそのような考えをもたないと、まじめで心優しいお子さんが自分の心を軌道修正するのはとてもむずかしいことです。深呼吸をして、みんなで着実な歩みを進めていきましょう。

3 母である私が企業を相手に？
―職場でのトラブル―

> 専門学校卒業後，晴れて企業に就職し，意気揚々と会社に通っていた息子。福祉就労ですが，ほかの社員と仕事は同じで，毎日の残業があり，帰宅は午後8時過ぎです。毎日とても疲れているようで心配でしたが，本人は「がんばります！」「○○さんに頼まれたから」と張り切っていました。
> しかし，体には徐々に疲れが蓄積されていき，ある日，突然，立ち上がることもできない状態になってしまいました。病院へ連れて行こうとしても，息子は「欠勤なんていやだ！」の一点張りです。

こうしてみました

「欠勤になるの？」「療休かな？」「年休かな？」と，それすら誰に聞けばいいのかわからず，困り果ててしまいました。息子の仕事は段ボール箱の積み荷を仕分ける作業で，体力を必要とし，素早さも要求されます。この調子だと数日は動けそうにもないので，「ともかく上司の方とお話ししなくちゃ」と言うのですが，息子の話はちんぷんかんぷんです。

結局，父親は仕事を休めないこともあり，母親の私が会社へ行って説明することになりました。初めは会社に息子の状況を理解してもらえるかどうか，疑問や不安でいっぱいでしたが，ほんの少しですが前向きな話になったように思います。結局は，息子の体が一番ということで，就業は午後3時まで，残業は一切なしと決め，本人もそれを納得しました。

会社の方と直接お話してみて，職場では，息子がほんとうの意味では理解されていなかったということが改めてわかり，以後は定期的な三者面談をすることをお願いしました。いまでは困ったことが起きた際も，そのつど配慮が得られるようになり，なんとか仕事を続けています。

（社会生活どうしよう編）

解説 と アドバイス

　本人の疲れやすい性質や，自分でペース配分ができないということがよく職場に理解されていなかったために，限界までがんばってしまった例だと思います。今回はお母さんの冷静な対応で会社の理解が得られ，また今後の三者面談の必要性を確認できたことも，災い転じて大きな収穫となり，ほんとうによかったと思います。

　「上司の無理解」「必要以上の指導の厳しさ」「不当な待遇」——もしもこんなことがあった場合に，信頼のできるジョブコーチに相談ができ，問題解決の支援をしてもらえる関係があると助かります。

Column

「ジョブコーチ支援制度」について

　障害者本人だけでなく，事業所や障害者の家族も支援の対象とします。ジョブコーチが行う支援は，事業所の上司や同僚による支援（ナチュラルサポート）にスムーズに移行していくことをめざしています。

(1) 本人に対する支援
　①人間関係，職場内コミュニケーション（挨拶，報告，職場内マナー等）
　②基本的労働習慣（継続勤務，規則の遵守，生活リズムの構築等）
　③職務遂行（職務内容の理解，作業遂行力の向上，作業態度の改善）

(2) 雇用主に対する支援
　①障害に係る知識（障害特性の理解，障害に配慮した対応方法，医療機関との連絡方法等）
　②職務内容の設定（作業内容，工程，補助具等の設定等）
　③職務遂行に係る指導方法（指示や見本の提示方法，作業ミスの改善等）
　④従業員とのかかわり方（指示・注意の仕方，障害の知識に関する社内啓発の方策等）等に係る支援

(3) 家族に対する支援
　①本人の職業生活を支えるための助言

【参考】厚生労働省のHPより

4 休みの日には何してる？
―余暇の過ごし方―

> 18歳の男子，就職して1年目です。卒業してすぐのころは，仕事が休みになると学生時代の友人とよく会って，愚痴などを言い合い，ストレスを発散していました。しかし最近では，お友達ともなかなか予定が合わなくなり，家族の予定もない日は，家からまったく出ない生活が続いています。最近では，親の外出予定に干渉したり，一緒について来たりするようになりました。家と会社以外にも，自分の世界をもってほしいのですが。

こうしてみました

　学生時代と違って，習い事やサークルなどにも参加していないため，こちらが働きかけないと，何もせずにゲームをして1日が終わってしまいます。このまま家で過ごすだけの生活がずっと続くのはまずいと思い，「若者なんだから，ゲームばかりしていないで出かけたら」「職場のお友達を誘ったら」などと，小言を言うことが多くなりました。

　学生時代の友人とはいまも連絡を取っているようですが，出かけることにはつながっていないようです。そこで，いまは無理に友人と出かけることをすすめず，家にいて息子ができることを考えることにしました。

　まず，私たちが出かける予定は前もって話し，帰ってくる時間も決めて守るようにしました。その間，息子が家にいて何も予定がないときは，家族のために洗剤や飲み物などの不足品の補充を頼むようにしました。家にあるものを注意深く見てくれるようになり，少しずつですが休日の過ごし方に変化が見えてきました。また，2週間に1度は，家族で一緒に山登りをすることにしました。毎回楽しみにしているようで，一人のときに次に行く山を調べてくれています。

(社会生活どうしよう編)

解説とアドバイス

　学生時代に仲のよい友達がいた場合でも，社会に出ると，仕事の時間・休み・給料の違いなどから溝ができてしまうことがあります。ここでは，友人とのかかわりに限定せず，時間の過ごし方を考えてみたいと思います。

　まず，家での過ごし方を一緒に考えてみましょう。家族の外出中などに"一人で留守番をしている"といっても，ずっとゲームやパソコンを好きなだけしているだけでは，留守番にはなりません。社会人ですから，家族の一員としての自覚をもち，家族のための行動をしてくれることも期待したいところです。自主的な行動がむずかしそうであれば，家族からのお願いごとや手順のようなものを，タイムスケジュールとして書き残しておくこともよい方法だと思います。

　また，休日というと，外出することばかりを考えがちですが，何も考えずにボーっと過ごすこと・カラオケに行くこと・一人で電車をひたすら見ていることなども，「本人にとって心地のよい活動」であれば，立派なリフレッシュの方法となります。休日の過ごし方は「こうあるべき」と押しつけず，その中で，興味のあることをみつけられたときには，少しずつ広がりや質の高さを求めるようになっていきたいですね。

　外出が好きな人には，近くにある地域支援センターやNPO法人などの余暇活動のグループに参加する方法もあります。年少の子も多く参加しているので，自分の経験をサポーターとして生かし，先輩としての立場を確立していくこともよい経験になるでしょう。

　また，社会福祉協議会などに相談すると，ガイドヘルパーの方を紹介してもらえることもあります。あるバス好きなお子さんは，家から目的地までのバスルートをすべて調べ，それをガイドヘルパーの方と検討して，毎回一緒に出かけています。帰ってきた後は，出納帳や地図・時刻表などのチェックも一緒に行い，次回の活動につながるようにしています。回数を重ねるうちに，一人での外出に自信がつき，自分がリーダーになって友人を誘って出かけることもできるようになりました。このような理解者の存在は，心をリフレッシュさせてくれると思います。

5 地域の中で
―インクルーシブな社会―

> 今回は悩み事ではありません。成人した息子はいままで，数多くの人々，団体等とご縁をもち，そのたびにご迷惑をおかけしながら成長してきました。その中でも，いまも長く続いているのが，ボーイスカウト活動です。
> 学校に行きたがらない時期にも，ボーイスカウトの活動にだけは参加しました。好きな電車に一人で乗って出かけていくこともよかったのかもしれません。受験などで足が遠のく時期もありましたが，それでも，いまも続いています。特別なことはしていただいていませんが，指導者の方々が，長いつき合いの中であたたかく子どもを見守ってくださっています。それが息子にとって居心地のよい距離感なのだと，ただ，ただ感謝でいっぱいです。

何がよかったのか

　ボーイスカウト活動が繰り広げられる場所には特別な世界はなく，地域の大人と子ども，つまり，年配のおじさんおばさん，若い親，あこがれの的である大学生・高校生のお兄さんお姉さん，多感な中学生，元気でちょっと意地悪な小学生，甘えん坊の年長さんが集まって，ゆったりとした時間の流れの中で，遊んだり，食べたり，喧嘩したり，泣いたり，大笑いをしたりしています。異年齢集団での縦割班活動が中心で，それらの人が力を合わせて行動し，年長者は年少の者の面倒をみるように自然に方向づけられます。うちの子どもは，時間をかけて，自分の力で，そこに自分の居心地と役割と楽しみをみつけたようです。

　誰もほめてはくれませんが，ここにたどり着くには，私のがんばりもありました。みなさんを信じ，受け入れてもらえるように子育ての苦労を語り，私自身もみなさんの役に立てるように活動のお手伝いも続けてきました。いまは，もう，そんなことを考える必要もなく，すべてお任せです。

(社会生活どうしよう編)

解説とアドバイス

　この事例から，もう，おわかりですね。インクルーシブな社会とは，何も特別なものではありません。高齢者や障害者等の弱者が，普通に安心して暮らせる社会のことです。そこで起こる具体的な出来事と人間性の有様は，とても具体的で泥臭いプロセスなんだと思います。

　事例のお子さんは，お母さんのおかげで小さいころからこのような関係を地域で築くことができました。大人になってから利用しやすい機関としては，敷居が低く，間口の広い，「地域若者サポートステーション」があります（P80参照）。

■編著者
安藤壽子　あんどうひさこ（執筆箇所：P10～27，30～49，54～55）
お茶の水女子大学学校教育研究部教授。東京学芸大学大学院修了・博士（教育学）。公立小学校・聾学校教諭，公立小学校副校長，横浜市教育委員会課長を経て現職。学校心理士，特別支援教育士スーパバイザー。趣味は，茶道，登山，テニスなど。著書に『小学生のスタディスキル―学び方がわかれば学校はもっと楽しくなる』（編著），『教室でできる特別支援教育のアイデア172』図書文化，『LD児の指導の実際』川島書店（以上，分担執筆）ほか。

安藤正紀　あんどうまさき（執筆箇所：P52～53，76～79，88～89，92～93）
玉川大学教職大学院教授。横浜国立大学大学院修了・修士（教育学）。聾学校・国立大学附属養護学校教諭，神奈川県教育委員会指導主事，公立小学校教頭，特別支援学校副校長，校長を経て現職。学校心理士。子どものころからボーイスカウト活動を続け，現在は，日本ボーイスカウト神奈川連盟理事。日本ムーブメント教育・療法協会理事。『創造性を育てるムーブメント』コレール社，『教科学習を中心とした授業づくり』明治図書（以上，編集・分担執筆）ほか。

■執筆協力者
伊藤逞子　いとうとしこ（執筆箇所：P59～61，74～75，82～87）
リソース・ルーム枝　代表

萩原京子　はぎわらきょうこ（執筆箇所：P56～58，66～73，90～91）
指導教室 Momo 代表

母ぞうプロジェクト（執筆箇所：P62～65）

親子バトル解決ハンドブック
発達障害の子と奮闘するママ&パパのトークサロン

2014年9月20日　初版第1刷発行　［検印省略］

編著者©安　藤　壽　子・安　藤　正　紀
発行人　　福　富　　　泉
発行所　　株式会社 図書文化社
　　　　　〒112-0012　東京都文京区大塚1-4-15
　　　　　TEL 03-3943-2511　FAX 03-3943-2519
　　　　　振替　00160-7-67697
　　　　　http://www.toshobunka.co.jp/
本文カバーDTP　広研印刷株式会社
印刷・製本　　　株式会社高千穂印刷所

JCOPY〈(社)出版者著作権管理機構 委託出版物〉
本書の無断複写は著作権法上での例外を除き禁じられています。
複写される場合は，そのつど事前に，(社)出版者著作権管理機構
(電話 03-3513-6969，FAX 03-3513-6979，e-mail: info@jcopy.or.jp)
の許諾を得てください。

乱丁・落丁の場合はお取り替えいたします。
定価はカバーに表示してあります。
ISBN978-4-8100-4649-6 C3037

小学生のスタディスキル

「学び方」がわかれば，学校はもっと楽しくなる

安藤壽子（お茶の水女子大学教授）編著
家田三枝子・伴 英子 著

B5判 128頁
本体2,200円

「先生の話の聞き方」「ノートのとり方」「感想文の書き方」など，小学校低学年で身につけたい「学び方」の基本がこの1冊で。

本書の特徴

①育てたい力と学習指導要領の関連を示しました。
②子どもの認知的な特徴に配慮し，発達障害のある子どもの学習支援に役立つようにしました。
③生活の中でできるワンポイントアドバイスを収録。学校と家庭でできるユニバーサルな学習支援です。

スキル一覧（本書第3章より）

1. 先生の話を聞く
2. 見通しをもって生活する
3. 今日の目当てをもつ
4. 朝の会の司会をする
5. ショートスピーチをする
6. 学校生活に必要な言葉
7. 文字を読む
8. 音読をする
9. あらすじをつかむ
10. 鉛筆で書く
11. ひらがなを書く
12. 漢字を書く
13. 作文を書く
14. 感想文を書く
15. ノートを使う
16. 数のまとまり
17. くりあがり
18. 倍の考え方
19. かけ算九九
20. 時計を読む
21. 形を見分ける
22. 定規を使う
23. 位置を表す
24. テストを受ける
25. ボディイメージ
26. 体を動かす
27. なわとびを跳ぶ
28. ルールのある遊び
29. 運動ゲーム
30. はさみ・のりを使う
31. 観察記録を書く
32. 絵を描く
33. グループ活動をする
34. メモを書く
35. 整理整頓をする
36. 当番活動をする
37. 時間を上手に使う
38. 家庭学習をする
39. 宿題をする
40. 明日の準備をする

図書文化

※定価には別途消費税がかかります